JN289750

シリーズ「遺跡を学ぶ」
034

吉備の弥生大首長墓

楯築弥生墳丘墓

福本　明

新泉社

吉備の弥生大首長墓
—楯築弥生墳丘墓—
福本　明

【目次】

装　幀　新谷雅宣
本文図版　松澤利絵

第1章　楯築弥生墳丘墓の発見

1　不思議な御神体

楯築に登る

一九七〇年の秋、楯築《たてつき》神社の細い参道を登っていく三人の姿があった。先頭を行くのは楯築神社総代の赤木匡、そのあとに黒住秀雄、近藤義郎の二人が続いている。黒住は、岡山市一宮在住の郷土史家、独学で吉備中山を中心に周辺の遺跡の調査研究をしている在地の研究者である。この日、以前からの知己で、岡山大学法文学部考古学研究室の近藤に、「おもしろい石の御神体がある。ぜひみてもらいたい」と誘ったのである。

楯築神社の参道（図2）は、東麓にある西山の集落のはずれからまっすぐに、比高差三〇メートルほどを一気に登っている。道は頂上の手前で急な斜面となり、安政年間につくられた一七段ほどの小さな石段がつけられている。それを登りきると楯築神社の境内である。赤松林

図１ ● 楯築弥生墳丘墓の位置

図２ ● 西山の集落から楯築神社へ登る参道
現在はコンクリートで舗装されている。参道奥に墳丘へ登る石段がみえている。

の境内には社殿はなく、石段の正面に大きな自然石を組み合わせた祠《ほこら》が据えられている（図3）。御神体は、その中に納められている。

楯築神社は、明治末期の神社合祀政策のあおりを受け、一九〇九年にここから七〇〇メートルほど北西に行ったところにある鯉喰《こいくい》神社に合祀されている。そのときに社殿は取り壊され、御神体の石もいっしょに遷されたといわれている。その後、大正年間になって地元の人びとの強い願いもあって、合祀されたまま一九一六年に御神体の石だけがふたたび楯築の山に戻ってきたのである。そのときに御神体を安置するために、宗教法人福田海《ふくでんかい》の援助により建てられたのが、先の石の祠である。

御神体との対面

ギギ、ギギー。氏子総代の赤木は、祠の小さな木格子の扉を開けた。石の御神体が窮屈そう

図3 ● 円丘頂部に据えられた石祠
1982年に収蔵庫が建てられるまで、このなかに御神体（弧帯文石）が納められていた。石祠の石材のうち、背後の石は立石をそのまま使用している。そのほかの石材は、墳丘斜面にあった列石を転用したものと思われる。

に納まっている（図４）。黒住にうながされ、近藤がのぞき込んだ。御神体との初めての対面である。近藤は、しばらくの間動けなかった。「物をみて息をのむというようなことはそう滅多にあるものではない。帯を返し潜らせ巻きつけたような弧状の文様が線彫りで全面をおおっている。それは文句なしに弥生後期の特殊器台の装飾を想起させた。驚くべき品だ」

このときのことを後に近藤はこう書き記している。御神体の不思議な文様を見た近藤は、即座に以前から埴輪の起源として研究を進めていた弥生時代後期の特殊器台の文様との類似を直感したという。ただ、後に述べるように、特殊器台は円筒形の周囲に帯状に描かれた平面的な文様であるのに対し、この御神体の文様はひとかかえ以上もある大きな石の表面全体に立体的に描かれており、ダイナミックさにおいてくらべものにならないものがあった。

図４●石祠に納められていた御神体（弧帯文石）
1982年、収蔵庫への移転時に撮影。正面に顔の表現がみえる。

御神体の石の大きさは、九三センチ×八八センチ、厚さは三〇―三五センチほどある（図5）。よくみると、文様はきめの細かい白っぽい石の表面に先の鋭い工具で刻まれており、一〇本前後の細い線を一つの単位として六―八センチ幅の帯のように描かれている。帯は円を描いてまわり、交差し、折れ曲がり、複雑に絡み合っている。

近藤は、弧状をなす帯が複雑に絡まりあうこの石を、後に「弧帯文石《こたいもんせき》」と命名する。しかしこのとき、不思議な文様が描かれた御神体がいつ作られたものかの確証はない。文様が特殊器台をイメージさせるとしても、すぐには弥生時代のものとは決めることはできない。その確証がえられるのは、これから九年の後、埋葬主体部の調査を待たなくてはならない。

図5 ● 御神体として伝世されてきた弧帯文石
断面三角形の隆起をもつ円孔を、S字状にめぐるように帯状の文様が刻まれている。右端には、顔の表現が浮彫にされている。

立ち並ぶ巨石

祠の前で御神体の石に釘づけになっていた近藤が、ようやく周囲に目を移したとき、ふたたび不思議な光景を目にした。いくつもの巨大な石が、祠を囲むように立ち並んでいたのだ（図６）。大きな棒のように突っ立ているもの、薄くて平らな板のような大石、背もたれのある腰掛けのように折れ曲がった形のものなど、祠の後ろに立っているものも含めて全部で五個の大きな石があった。大きなものは高さ三メートルほどもあり、どの石も自然の石であるが、人工的に立てられたものにちがいない。

この巨石がいつ、何のために立てられたものなのか、何をあらわしているのか、御神体と何らかの関係があるのか、もちろん初めての出会いでわかるはずもない。

図６●円丘頂部のようす
広い平坦面には自然石の巨大な立石が立ち並んでいる。

伝説のなかの楯築

楯築神社というめずらしい名前の由来は、吉備《きび》地方に古くから伝わるひとつの伝説にもとづいている。それは、備中国一宮の吉備津神社に「吉備津宮縁起」として伝えられているもので、温羅《うら》伝説とよばれている。有名な桃太郎伝説の下地にもなったともいわれている伝説である。

物語は、垂仁天皇のころ、温羅という名の百済の王子が吉備に飛来してきたというところからはじまる。温羅は、吉備冠者ともよばれ、力強く、新山《にいやま》という山へ城を築いて、都へ上る船を襲い積荷を奪い、女子どもを略奪したという。人びとは恐れ、その城を鬼ノ城《きのじょう》とよび、朝廷へその討伐を訴えた。朝廷は、つぎつぎと武将を差し向けるがいっこうに治まらない。そこで武勇の誉れ高い孝霊天皇の皇子、五十狭芹彦命《いさせりひこのみこと》を派遣する。命は吉備の中山に陣を築いて、温羅の陣取る鬼ノ城に対峙し、中山の西方にある片岡山に防御のための石の楯を築いたとされる。この石の楯こそが、楯築神社に立っている巨石で、その名「楯築」の由来となっているというものである。

物語は続く。命と温羅の激烈な矢の打ち合いから戦いがはじまった。しかし、不思議なことに命の射た矢と温羅の射た矢は、ことごとく空中でぶつかり落ちた。その矢の落ちたところに岡山市矢喰《やぐい》宮という神社が建てられている。命は一計を案じ、同時に二本の矢をつがえ放った。そうしたところ一本はやはり温羅の矢と当たり落ちたが、残る一矢は温羅の左眼を射抜いた。眼から流れ出る血は川となり、これが足守川の支流の血吸《ちすい》川であるという。眼を射抜かれた温羅はたまらず雉に化けて山へ逃げ込んだ。すると命は鷹となってそれを追いかける。かなわぬとみた温羅は、今度は鯉に化け、血吸川へ逃げ込んだ。それに対して、命は鵜に化けて追い、とうとうその鯉を捕らえた。その場所が足守川沿いにある倉敷市鯉喰神社であるという。

　さて、ついに捕らえられた温羅は、吉備冠者の名を命に献じ、命は吉備津彦命と称した。そして捕らえられた温羅は、誅殺され、その首をはねてさらしたところが岡山市にある首村《こうべむら》であるという。その後、温羅の首は髑髏《どくろ》となってもなお唸り続けたため、命は髑髏を吉備津神社の釜殿の地下深くに埋めたが、さらに一三年の間唸り続けたという。のちに命の夢枕にたった温羅は、わが妻の阿曽媛に釜殿の神饌を炊かすようにいい、世の中に幸いあれば豊かに鳴り、禍あれば荒々しく鳴るだ

図７ ● 伝説の舞台
温羅伝説の舞台である足守川流域は古代吉備の中心地でもある。

ろうと告げた。これが上田秋成の「雨月物語」にも登場し、現在まで伝えられている吉備津神社の鳴釜神事の縁起とされている。

以上が温羅伝説のあらすじである。話は少しそれたが、温羅伝説の舞台となった足守川の流域は、じつは古代からの遺跡が密集している地域として知られている。偶然ではあるが、鯉に化けた温羅を鵜になって捕らえたという鯉喰神社は、楯築に続く弥生墳丘墓であり、吉備津彦命の墓として陵墓参考地になっている中山茶臼山古墳は、古墳時代初期の前方後円墳である。こうした伝説の舞台となっている足守川流域は、吉備の中心地ともいうべき地域なのである。また、そこが朝鮮半島の百済から来たとされる温羅の根拠地として伝えられていることも注目してよいだろう。

吉備の津

楯築弥生墳丘墓は、足守川によって形成された肥沃な平野を望むことのできる小高い丘の上に位置している（図8）。墳丘の上に立つと、東にはその形から鯉山ともよばれる吉備の中山が正面にみえる。現在、吉備中山の北麓から平野部にかけての地区に吉備津という地名が残されているが、古くは津という名が示すとおり、周辺に足守川の河口に開けた湊があったと考えられている（図9）。

足守川は、北方に連なる吉備高原に源を発し、途中に血吸川や砂川、前川などの小河川を集め、流域に肥沃な沖積平野を形成しながら、倉敷市と岡山市の境となって南に流れている。足守川の流域には、とくに弥生時代から古代にかけて、吉備を代表するような著名な遺跡が集中している。なかでも全国第四位といわれる岡山市造山古墳と、同じく第九位とされる総社市作山古墳は、大和に比肩する吉備勢力の象徴として欠くことのできない存在となっている。そのほかにも数多くの集落遺跡や古墳、古代寺院なども存在しており、名実ともに古代吉備の中枢地域である。足守川の河口は、海に開けた吉備の表玄関と考えてもよいだろう。

ここでとくに注目したいのは、楯築弥生墳丘墓が築かれた弥生時代後期における足守川周辺の集落遺跡の状況についてである。当時、足守川は楯築から南へ二キロメートルほどいったところで、瀬戸内海に注いでいたと考えられている。ちょうど河口付近に位置していたと思われる上東《じょうとう》遺跡からは、

図８ ● 西方にある日差山（ひさしやま）山頂から楯築弥生墳丘墓を望む
手前丘陵頂上の白い配水塔が目印となっている。背後の山丘は吉備中山。

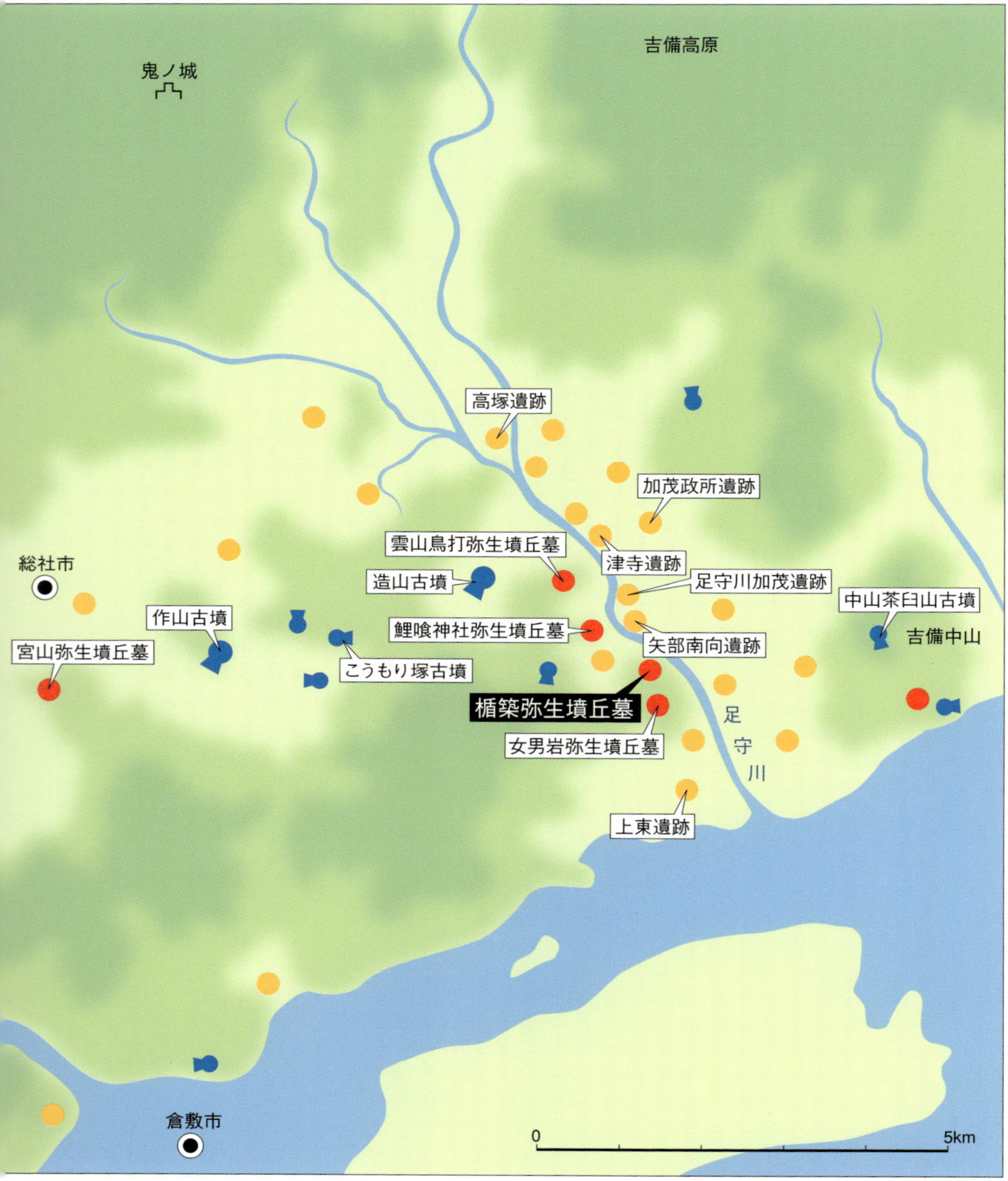

図 9 ● **足守川流域のおもな遺跡（弥生〜古墳時代）**
●は弥生墳丘墓、●は集落遺跡、●は前方後円墳。
海岸線は当時の推定線。

海水を煮詰めて塩をつくる製塩土器や、盛土と杭列で堅固に築かれた波止場状遺構などが発見されている。また最近の発掘調査により、上東遺跡から上流に向かって四キロメートルほどのあいだには、微高地上に形成された弥生時代から古墳時代にかけての大集落遺跡が連なっていることが、明らかになってきている。これらは、矢部南向《やべみなみむかい》遺跡、足守川加茂Ａ・Ｂ遺跡、津寺遺跡、加茂政所《かもまどころ》遺跡、高塚遺跡といった遺跡で、いずれも非常に遺構密度の高い大規模な集落遺跡となっている。また一帯は、吉備のなかでもとくに銅鐸や貨泉、銅釧などの青銅製品が多く出土していることでも注目されている。

こうした弥生時代後期を中心とした大規模集落の形成は、この地域においてきわめて高い農業生産が存在してはじめて可能になったもので、それを背景として、当時国内各地はもとより、大陸とも直接に関係していたものと思われる。そして、こうした足守川周辺のきわめて高い集中を示す弥生集落こそが楯築弥生墳丘墓を生み出す直接の母体となったと考えられるのである。

2　弥生墳丘墓の発見

円形の丘

さて、話を楯築神社に戻そう。御神体と巨大な石に眼を奪われていた近藤が、つぎに気づいたのは、祠のある平坦な面が円形をしていることであった。赤松が生い茂った中、境内の縁に沿ってまわってみると、円形であることは容易に判断できた。ただ通常の古墳にくらべ、墳頂の平坦面が異常に大きく感じられる。また足元の平坦面と斜面の一部には、握り拳かそれ以下の大きさの丸い川原石が点々とみられ、部分的に密集しているところもあった。

北側の斜面をのぞくと、草の生い茂った中に幅、高さとも一メートルほどの板状の石が据えられているのにも気がついた。そして、この板状の石と同様の石がほぼ同じ高さに五メートルほどの間隔をおいて、斜面をめぐるようにさらに二個あることもわかった。

このときにはじめて「これは墳墓の遺跡ではないか」という思いがかすめたと近藤は記している。また、「大きさといい、巨石といい、ご神体といい、あまりにも異様で、私の常識をはるかに越えるものであった」とも述懐している。

こののちも近藤は、岡山大学の学生らをともない、たびたび楯築を訪れるようになる。そして訪れるたびに新たな発見が得られたのである。

突出部の発見

幾度目かの訪問のときであった。立石のある円形の部分から北東方向と南東方向の両方にそれぞれ細長く突き出た部分があることに気がついた。それらは尾根のように両方向にのびていた。先端は人為的に切り落とされているようにみえ、切り通しの底には細い里道が走っていた。この突出した部分が、円形の部分と一連のものではないかと思われたのは、付け根部分にある石の存在からであった。ちょうど北東部の付け根の部分に、扁平な石が三個、長さ二メートルの間に並んで埋め込まれているのがみられたのである。これが楯築弥生墳丘墓の重要な構成要素のひとつとなる突出部の発見となった。

しかしながら、後に述べるように、このふたつの突出部は、不幸にも調査がおこなわれることもなく、住宅団地の造成工事によって根元から失われてしまうことになる（図10）。このため、このときに近藤が残した突出部に関する観察の記録が、唯一当時の突出部の状況を知る手がかりとなってしまったのである。

当時の近藤の記録により、そのようすをみてみよう。まず北東突出部については、「あたかも前方部状の突出で、およそ十数メートルほどのびていた。その上面は幅三、四メートルで、わずかに前面に向かって下降気味であったが、ほぼ平坦に近い。突出部の前面はかなり急な傾斜で二、三メートルほど下り、東西に走る小径に達していた。小径の反対側には自然丘の高まりがあり、東ないし北東方向へ下降しながらのびていた」とある。

また南西突出部については、「南西側にもかつて

図10 ● 北東突出部の現況
左端から斜めに削り取られている。右側の雑木の根本にみえるのが、突出部発見のきっかけとなった上端の第1列石。3個並んで残されている。

細長い尾根状のものが約二十数メートルにわたってのびていた。その「尾根」の向こう側には低い高まりがあるが、その高まりと「尾根」の間は切断され、同じように小径が通っており、「尾根」全体が細長い突出部のような観を呈していた。その南東側には平坦面が上下二段に存在し、北西側はゆるやかな傾斜をつくっていた。「尾根」の上は、北西側寄りに、戦前の「大演習」の折、旧軍隊によって散兵壕がほられたため、やや形がくずれて変形していた。「尾根」の幅は推定数メートル、高さは二メートル内外ほどであったと記憶する」とある。

失われた突出部

突出部の発見からしばらくたった一九七二年の秋のことである。近藤が弥生時代の墳墓として、楯築の重要性に確信をもちはじめていたころであった。楯築を含む丘陵全域で開発面積四三ヘクタール、計画戸数一〇〇〇戸にもおよぶ大規模な宅地開発計画が進められていた。すでに一部では倉敷市が主体となって遺跡調査もおこなわれ、工事もはじめられていた。こうしたなか、楯築の保存に危機感を抱いていた近藤は、直接に開発業者の代表者と会い、楯築の重要性を説くとともに、その保存についての申し入れをおこなった。このとき開発業者の側も近藤の熱意を受け入れ、またその重要性も理解したうえで、保存を約束したという。

ところが、一九七三年の春になって、近藤の元に信じられない知らせが飛び込んできた。楯築が破壊されているという。急いで駆けつけてみると、目の前には痛ましい光景が広がっていた。神社の境内となっている円丘部のみを残して、両方にあった突出部は無残にも大きく削り取られてしまっていたのである。北東側の突出部は、付け根の部分を斜めに残してあとかたもなく消えてしまっていた。また南西側の突出部では、地中深く配水タンクの基礎工事がおこなわれ、これもまた付け根から削り取られていた。

この光景に茫然としながらも、近藤はとりあえず現状での墳丘の観察と散乱している遺物の採集に努めた（図11）。このときの観察では、北東側突出部の削り取られた断面に人工的な盛土と思われる層が確認され、盛土の斜面には円礫の層がはっきりとみられたという。また、断面からは多くの弥生土器片も採集された。

採集された土器のなかには、丹が塗られたものが多くみられ、特殊器台と特殊壺の破片も含まれていた。特殊器台と特殊壺は、弥生時代後期の墳墓に関係する遺跡に限って出土しているもので、これらが出土するということは、まさしく楯築が弥生時代後期の墳墓遺跡にほかならないことを示していた。この突出部の破壊により、楯築弥生墳丘墓の調査において、後々までも取り返しのつかない大きなハンディキャップを背負うことになってしまったのである。

図11 ●南西突出部の破壊状況
1973年撮影。中央の人物は近藤義郎。画面右側では、配水塔の基礎工事がおこなわれている。

両突出部が破壊された年の秋、近藤を中心とした岡山大学考古学研究室が墳丘の地形測量をおこなっている。現状を記録しておくとともに、将来おこなわれるであろう本格的な発掘調査に向けての準備という意味もあった。

この測量調査により、円丘部は正円形ではなく、やや歪な円形を呈していることが明らかとなった。墳端部は明確にできなかったが、かすかな傾斜変更線をたどるとその直径は四二、三メートルにも達するものとなった。これに失われた北東および南西突出部を含めると、推定で八〇メートルにもおよぶ巨大な墳墓となることが明らかとなったのである（図12）。これに加えて、墳頂部の巨大な石や斜面にめぐらされている石、そして円礫と特殊器台・特殊壺など、どれをとってもただものではないことは明らかであった。発掘調査をおこない、遺跡の正体を解明したいという思いが近藤の胸に高まっていった。

楯築神社は、先にもふれたように明治末に北方にある鯉喰神社に合祀され、形式の上ではもはや神社ではないということになっている。しかし、かつての御神体が戻され、小さいながらも石の祠に祀られていることもあって、地元の日畑西山の人びとにとっては楯築神社の氏子であるという思いは消えていない。合祀前と変わらず神社も御神体も大切に守ってきたのである。このため、発掘調査によって神聖な神社の境内を掘りかえすことに対しては、到底すぐに理解が得られるはずもなかった。

楯築神社が弥生時代の墳墓であること、そして今までに例のない巨大で複雑な構造をもっていることなど、歴史的な重要性や発掘調査の必要性について、近藤は粘り強く地元の氏子の人びとに繰り返し説いていった。それは夜遅くになることもしばしばであったという。そうした近藤の熱意は、周囲の人びとの応援もあって、次第に地元の人びとにも理解されるところとなり、一九七六年の春には、調査についての了解が得られるに至ったのである。このとき以来、近藤と地元の人びととの信頼の関係は、今日に至るまで続いており、その後おこなわれるすべての調査において、地元の強力な支援が得られることになるのである。

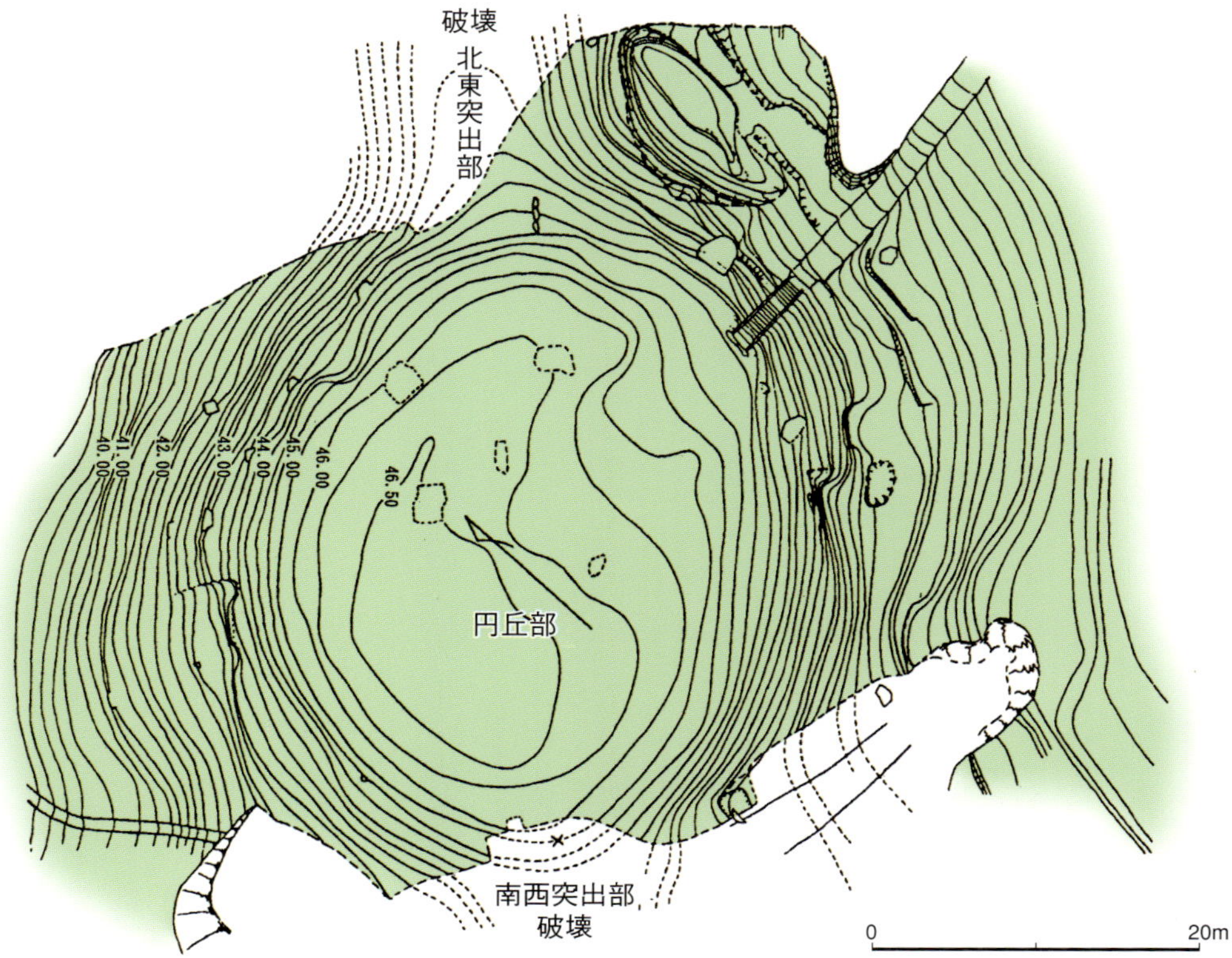

図 12 ● 両突出部が破壊されたあとの円丘部の墳丘測量図
岡山大学考古学研究室による。

第2章　姿をあらわした大首長墓

1　巨大な墳丘

調査開始

一九七六年七月一五日、いよいよ楯築弥生墳丘墓の発掘調査が開始された。以後一九八九年に至るまでの一四年間、七次におよぶ調査のはじまりである。

調査は、何をさておき楯築が墳墓遺跡であることを確定することからはじめなくてはならない。それには埋葬主体部の存在を明らかにすること、そして築造の時期を特定することがまず必要であった。そのほかにも墳頂部の巨石を含む墳丘の調査、そして突出部の状況の確認等々、これから解明していかなければならない問題が山積みであった。

調査にあたっては、近藤が率いる岡山大学考古学研究室が中心となっておこない、そのほか全国各地の大学からの学生、研究者が集まった。加えて地元の人びとの物心両面からの強力な

調査	期間	調査箇所・内容	調査参加者
第 1 次	1976 年（7.15 ～ 8.1）	①墳頂部で盛土、円礫の状況と墓壙掘り方を確認。 ②北東突出部東側で第 1・第 2 列石と円礫帯を確認、第 2 列石に接して完形の弥生長頸壺を検出。 ③円丘部北斜面で列石と円礫帯を確認。墳端部の追求。 ④南西突出部付け根西側で円礫帯、斜面第 1 列石を確認。	近藤義郎ほか岡山大学関係者・法文学部学生・卒業生ほか
第 2 次	1978 年（7.17 ～ 8.7）	①墳頂部で立石の調査。 ②北東突出部の調査継続。第 2 列石の外方に平坦面がつくり出されていることを確認。 ③円丘部南東斜面で第 2 埋葬主体の一部を確認。	近藤義郎ほか岡山大学関係者・考古学専攻学生・卒業生、滋賀大学・國學院大學関係者ほか
第 3 次	1979 年（2.24 ～ 5.13）	①墳頂部中心埋葬の調査。円礫堆を確認、弧帯文石片や特殊器台などの土器片、土製品などを検出。木棺、木槨構造の主体部を確認。棺床より大量の朱および副葬品を検出。埋葬主体にともなう排水施設を確認。 ②墳頂部南東の第 2 埋葬主体を調査。掘り方、主体部構造を確認。 ③円丘部北西斜面で石垣状遺構の調査。中世の遺構と判明。	近藤義郎ほか岡山大学関係者・考古学専攻学生・卒業生、大阪大学・國學院大學・奈良国立文化財研究所・大阪府文化財センター関係者ほか
第 4 次	1983 年（8.20 ～ 9.21）	①南西突出部と円丘部とのくびれ部周辺の調査。西側くびれ部で角礫の堆積、突出部から続くと思われる排水溝を検出。 ②配水塔西側のトレンチで旧地表面と弥生土器を含む堆積層を確認。突出部の先端部分が残存している可能性があることを確認。	近藤義郎ほか岡山大学関係者・考古学専攻学生・卒業生、備前市・倉敷市教育委員会関係者ほか
第 5 次	1985 年（9.30 ～ 10.26）	①配水塔西側で大溝と奇跡的に残されていた南西突出部先端の石列を確認。堆積土中より円礫、弥生土器類等を検出。 ②円丘部北西斜面で墳端および列石、円礫帯について調査。 ③円丘部東斜面で墳端および列石、円礫帯について調査。	近藤義郎ほか岡山大学関係者・考古学専攻学生、山形・専修・法政・早稲田・東京・明治・筑波・京都・大阪・広島・島根各大学学生・院生、岡山県古代吉備文化財センター・倉敷市教育委員会関係者ほか
第 6 次	1986 年（9.30 ～ 10.31）	①南西突出部先端で石列の東端部分を確認。西端部分は工事により消失していることを確認。また列石はゆるくカーブしていることを確認。 ②南西突出部の西側くびれ部の調査では、角礫の続きは確認できず。 ③円丘部西側斜面で第 1 列石の抜き取り痕を確認。	近藤義郎ほか岡山大学関係者・考古学専攻学生、山形・明治・法政・國學院・早稲田・東京・筑波・島根・広島各大学学生・院生、岡山県古代吉備文化財センター・倉敷市教育委員会関係者ほか
第 7 次	1989 年（8.23 ～ 9.5）	①立石の整備工事にともない、立石掘り方を確認。 ②調査後、立石を元の垂直の状態に復元。	近藤義郎ほか岡山大学関係者・考古学専攻学生、倉敷市教育委員会関係者ほか

図 13 ● 楯築弥生墳丘墓の調査の過程

援助があったことはいうまでもない。

第一次調査から七次にわたる調査の期間や内容などについては、図13に簡略に載せているので、参照いただくことにして、次に『楯築弥生墳丘墓の研究』等の発掘調査の記録にもとづいて、楯築弥生墳丘墓を構成する主要な要素ごとに、調査の過程をたどりながら、くわしくみていくことにしよう。

立石

円丘頂部に立てられている巨大な自然石を立石《りっせき》とよんでいる。これらの石は、温羅伝説のなかで石の楯にみたてられ、楯築の名前の由来になっていることは、前にもふれた。現在、立石は墳頂部の平坦面のやや東に偏って五個がみられる。形や大きさはさまざまであるが、いずれも地上部分が二、三メートルもある大きな花崗岩で、とくに加工を施したような痕跡は認められない。

立石についての発掘調査は、第二次、三次、七次の調査でおこなわれた。調査にあたっては、便宜上これらに番号をつけている（図14）。御神体が納められていた石祠の背の石となっている大きな棒状の石を一号立石として、順に右まわりに五号まである。立石の調査では、まずその周囲を掘り、掘り方を確認することからはじめた。掘り方の層位関係や埋土等に含まれている遺物などから時期を特定し、これらが墳丘墓の築造とともに据え置かれたものであるということを証明することが目標である。

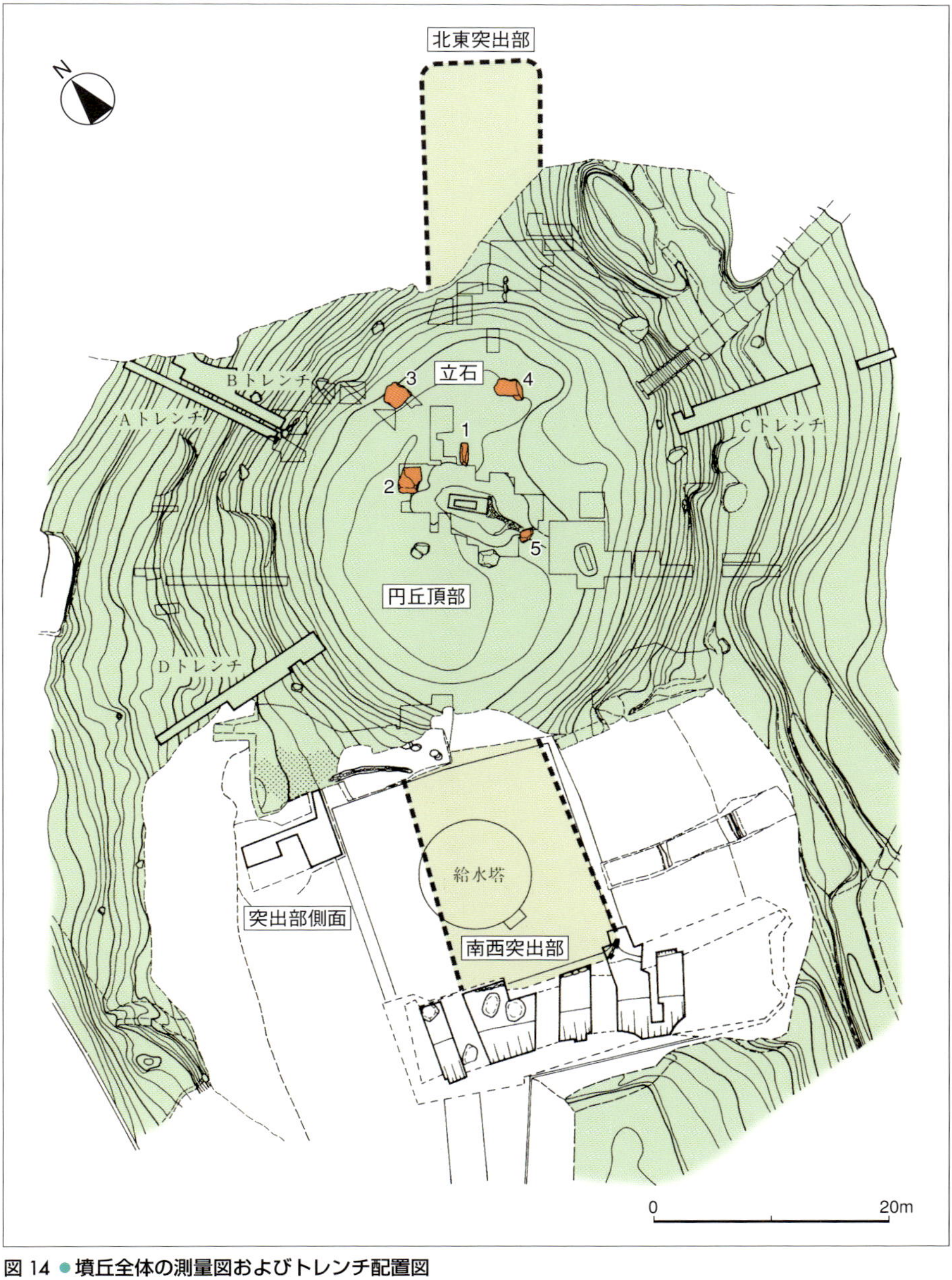

図 14 ● 墳丘全体の測量図およびトレンチ配置図
墳頂部の番号は立石番号。

ところが、いざ調査を開始してみると、一号・二号・四号立石は、後世の撹乱や移設などもあって、掘り方を知る手がかりはほとんどつかめなかった。残るのは三号と五号の立石である（図15）。

三号立石は、北端にあり、長さ約三・八メートル、最大幅約二・九メートル、厚さが下端で二五センチほどの扁平な大形の石で、北側に大きく傾いた状態であった。第二次と七次の二回にわたる調査により、二段掘りとなっている掘り方がみつかっており、石はその中央に据えられていた（図16）。掘り方内の土層をみると、もともと石はほぼ垂直に立てられていたことが明らかになった。掘り方の埋土内からは遺物は検出されていないが、石が北に傾いた際の隙間には弥生土器片と円礫が少量みられ、その上層には中世の土器がわずかに検出されているという状態であった。また、墳頂部にある円礫の一部が掘り方の近くまであって、

図 15 ● 円丘頂部の立石
左側が 2 号立石、右側が 3 号立石。両立石とも傾いたり、位置がずれていたものを旧状に復元している。

前後関係は不明ながら共存していたことを示しているとみなされた。

五号立石は長さ約二・四メートル、幅七〇―八〇センチ、厚さ三〇センチほどの細長い石で、第三次の中心主体部にともなう排水溝を調査するときに、その上にあったために一時的に移動させて調査をおこなっている。掘り方は、六〇×八〇センチほどの楕円形で、底面などから円礫が検出されている。また、立石の埋まっている部分の側面や円礫に朱と思われる赤色顔料が付着していることが確認されている。

このように必ずしも調査では立石が弥生時代のものであるという決定的なものを見出すには至っていない。しかしながら、つぎにみる円丘斜面の列石と比較して、その形状や据え方、石を立てるという思想自体の共通性、

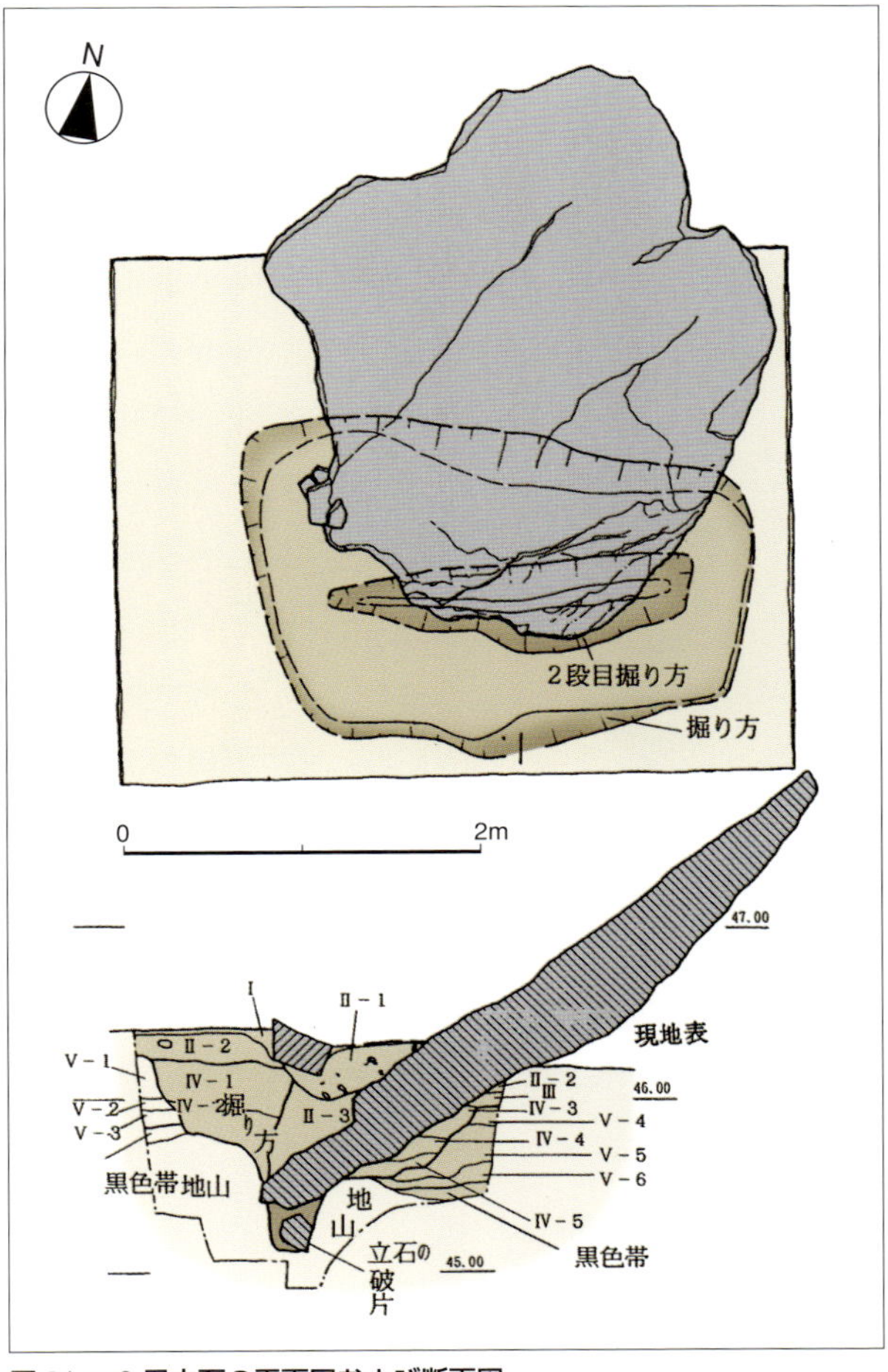

図 16 ● 3 号立石の平面図および断面図
現在は復元されまっすぐに立っているが、
調査時はかなり傾いていた。

さらには立石を新しいものとみなす要素もまったくみられないことなどから、これらの立石が、斜面の列石と同様に楯築弥生墳丘墓にともなうものであるとみなすことに問題はないだろうと判断された。

円丘斜面をめぐる列石

立石の並んでいる円丘頂部の平坦面の端から二・五メートルほど下がった位置に列石がめぐっている。この列石は、上下二段にわたってめぐらされており、そのあいだには円礫が敷かれている。調査では、上方の列石を第一列石、下方のそれを第二列石、その間にある円礫群を円礫帯とよんだ。列石と思われる板状の石は、現況で二〇個ほどが確認されている（図17）。多くはずれ落ちたり、動かされたりしているようで、元の位置を保っているのは五個程度ではないかとみられている。

円丘部の列石については、第一次、二次、三次、

図 17 ● 円丘斜面の列石
左側にみえる 2 個の石が第 1 列石で、墳丘斜面の同じ高さに並んでいる。右端の巨石は 3 号立石。

五次、六次の計五回にわたる発掘調査がおこなわれた。このうち第一次、二次で調査された円丘部の北西斜面のトレンチで、上方の第一列石の状況が明らかとなった（図18）。現在は土圧で倒れているものの、長さ約二メートルの板石を垂直に立てて、半分ほどを地中に埋めていた。この石の両側には約一メートルのやや小形の石が同じように立てて据えられており、大きな板石と小さな板石数枚が組み合わさって墳丘斜面をめぐっているものと思われた。

下方の第二列石については、数度にわたる調査にもかかわらず原位置を保ったものはみられなかった。わずかに石を据えたと思われる掘り方の痕跡があることは確認できているものの、それが板石であったか、あるいは石積のようなものであったのかといったところまでは解明できていない。

第一列石と第二列石との二メートルほどの間に

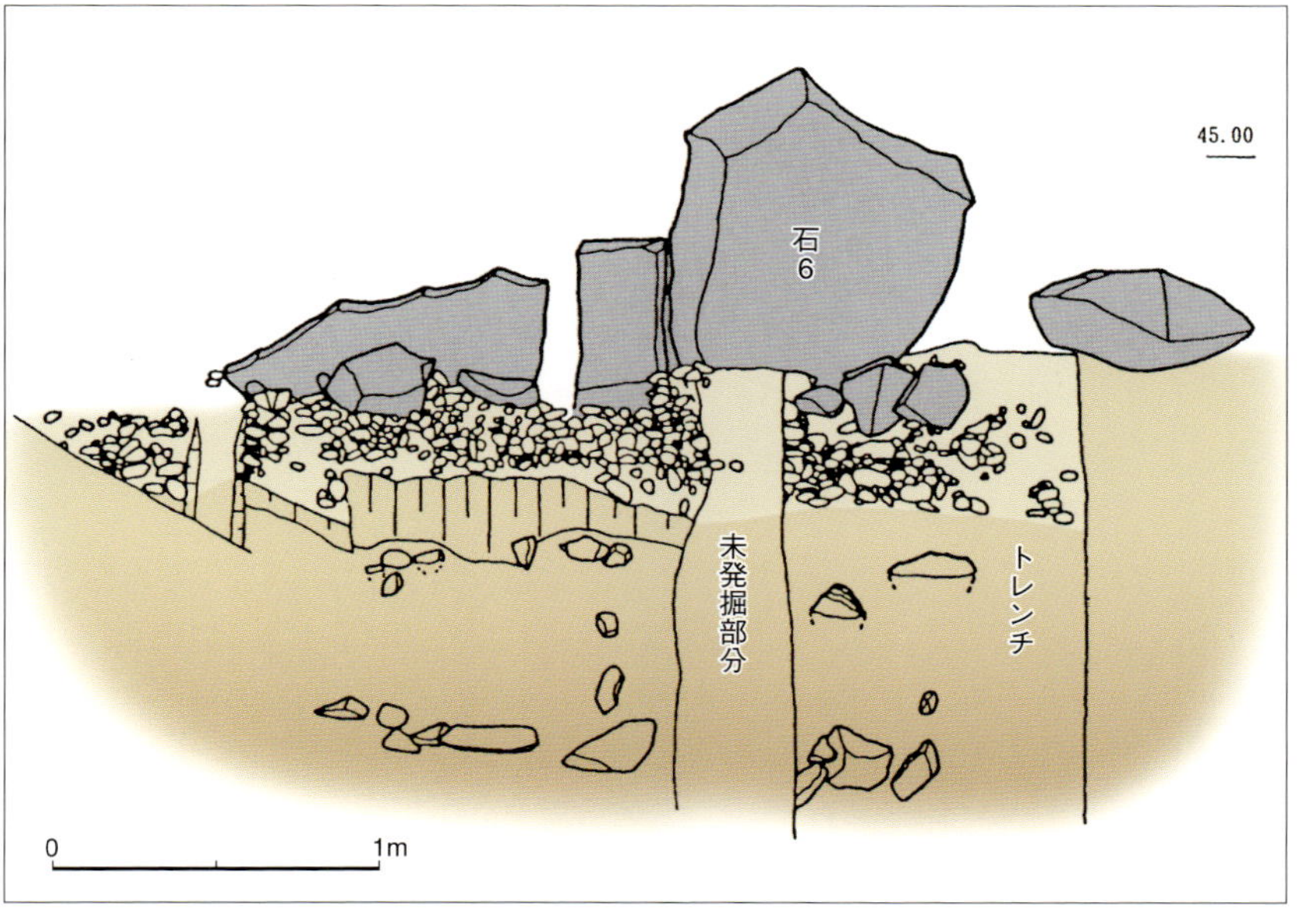

図18 ● 円丘部北側斜面の第1列石立面図
中央の長さ2mほどの石の両側に小形の石が並べて立てられている。小さな石は円礫帯の川原石。

びっしりと敷かれていた円礫については、墳頂部にあるものと同じ握り拳大の川原石で、すべて丘陵の東麓を流れる足守川から運び込まれたものであることもわかった。

それにしても、築造当時に墳丘斜面にこれだけの列石と円礫帯がめぐり、さらに墳頂部にいくつもの巨大な立石が立ち並ぶ光景は、さぞかし壮観であったにちがいない。

北東突出部の構造をさぐる

楯築弥生墳丘墓の北東側と南西側にあった突出部が、調査されることもなく破壊されたことは、先にもふれた。このため、北東突出部の調査は、斜めに残された付け根東側の部分を中心に、第一次、二次調査でおこなわれた。

調査は、以前から付け根部分で確認され、かろうじて残されていた三個の石を手がかりとして進められた。調査をしてみると、三個の並んだ石は、突出部の上端を縁取る第一列石にあたり、その下方には握り拳大の川原石を敷き詰めた円礫帯をはさんで、第二列石が存在することが明らかとなった（図19）。これは先にみた円丘部の斜面と同様の形態で、くびれ部で屈折して円丘部に連続することも明らかとなった。とくに円丘部では明らかにできなかった第二列石について、突出部東側の五メートルほどの間だけではあるが、明瞭に検出することができた。

現存する第一列石の三つの石は、高さ一・一メートルほどの扁平なもので、その半分ほどを地中に埋めている。この大きさは、先にみた円丘部の第一列石の小形の石に相当するものである。また、これに対応する西側の列石については、石自体は残っていなかったものの、付け根部分で石の抜き取り跡が確認されており、もともとは東側と同様な列石が存在して、突出部上面の両側が列石で画されていたことが判明した。これによって突出部の上面は幅約三・二メートルの平坦面であることがはっきりし、前方に向かってゆるやかに下降しているようすも明らかとなった。

下方の第二列石の石は、五個が残っていた。これらは、大きさや形もまちまちであるが、石の連なりは前方に向かってやや開いているようにみえる。さらに、第二列石の外側には、幅六〇―七〇セン

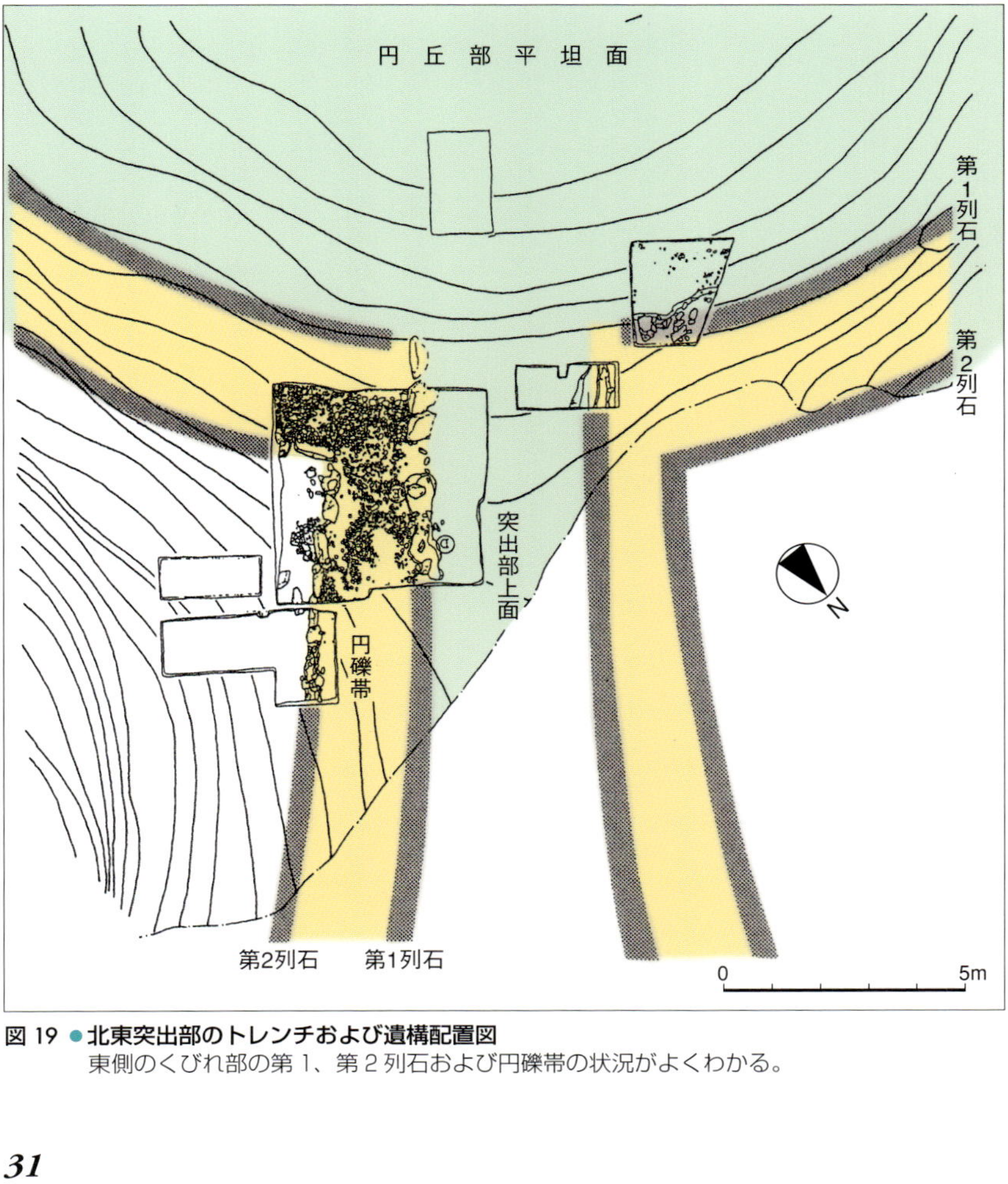

図19●北東突出部のトレンチおよび遺構配置図
東側のくびれ部の第1、第2列石および円礫帯の状況がよくわかる。

チほどの犬走り状の平坦部が存在していた。その外側は平坦部外方斜面へと続くが、これらは地山を整形したものではなく、盛土によって形成されていることも明らかとなっている。

犬走り状の平坦部には、上方から落ちてきた多数の円礫とともに弥生時代後期の長頸壺一個と特殊壺二個体分が検出されており、その外側の斜面でも特殊器台一個体と数個体分の特殊壺、高坏数個体分が出土している。これらの弥生土器は、その出土状況等からみて、一括して置かれていたもの、ないしは一括して廃棄されたものとみられた。そのなかでも第二列石の外側に接して出土した長頸壺（図20）は弥生時代後期後葉（上東鬼川市《じょうとうおにがわち》Ⅲ式期）のほぼ完形のものであった。この土器の発見により、第一次調査の段階で列石をはじめとする遺構の時期をほぼ決定することができたことの意義は大きかった。

以上が、発掘調査で知り得た北東突出部の構造である。付け根部分から破壊されてしまったため、突出部の先端の様子を含めこれ以上は知るすべもないが、破壊以前の状況を踏まえた近藤の推定によれば、北東突出部の長さは短くみて一六・五メートル、長くみて一九・五メートルほどになるものとみられている。

生き残っていた南西突出部

新たにできる団地に水を供給する配水塔の建設工事は、ちょうど南西突出部の真上にあたる位置でおこなわれていた。重機で削り取られた断面と、深く大きくえぐられた基礎の穴は、絶望的な光景であった。このため南西突出部についても、北東突出部と同様にその付け根部分から先はまったく消失しているものとみられていた。

ところが、第四次の調査で、くびれ部西側の造成土を除去するために倉敷市教育委員会が用意した重機を使い、配水塔の西方に破壊状況の確認という意味合いでトレンチを入れてみたところ、驚くべき結果となった。すでに削られてしまっているとみられた場所に旧地表面が残されていることが判明し、さらにその下の堆積土からは円礫と特殊壺を含む土器片がみつかったのである。もしかしたら突出部の先端の一部が残っているかもしれない。この思いが、つぎの第五次・六次の突出部先端部の調査へとつながっていったのである。

第五次調査では、配水塔工事の造成土の崩落を防ぐために予定地に樹脂を注入し、地盤を改良した後、配水塔を取り囲んでいるフェンスのぎりぎりまで造成土を取り除いて調査が進められた。このときに突出部先端部と思われる位置に設定した四本のトレンチにより、突出部前面の大溝が確認された。そして、トレンチのうちの一本で、ついに突出部先端

図20 ● 弥生時代後期後葉（上東鬼川市Ⅲ式）の長頸壺
北東突出部第２列石の外側に接して出土した。
ほぼ完形に復元された。

に配された列石の一部が発見された（図21）。

続く第六次の調査では、少しでも突出部の先端に近づき、列石のようすを確認するため、水道局の協力を得て配水塔の周囲のフェンスを一メートル内側に移設して、そのぎりぎりまで掘り下げた。これにより、配水塔の造成工事は先端列石の裏側に接するように、まさに皮一枚のところで止まっていたことが明らかとなった。奇跡的に、しかも良好な状態で先端部の列石が残されていたのである。

突出部先端の列石は、平らな面を外側にして立て並べられ、上からみるとゆるやかな弧を描いていた。とくに明らかとなった東端部分では、列石のカーブはやや強くなって、内側に入って止まっていた（図22）。石材はすべて花崗岩が用いられており、中央付近のものは高さ一・一メートル、幅九〇センチ、厚さ六〇センチほどもある大きな石が使われている。中央から端に向かって次第に石材が小さくなっていく傾向があるようで、突出部列石の東端にあたる石

図21 ● **南西突出部の先端の列石と大溝の状況**（1985年の調査）
中央のフェンスの真下に並んでいるのが列石。左側には大溝のなかに残された大きな石がみえる。

は、小さな薄い板石となって終わっている。列石の西端は、造成工事で削られ確認できていないが、先端部分の幅は一四メートルほどになるものと思われた（図23）。この先端の列石は北東突出部で第二列石とされた下方の列石にあたるものと考えられ、そうすると南西突出部の長さは、円丘部の付け根から約二二メートルということになる。

突出部前面には、尾根を切断するように掘られた大溝があった。大溝は、中央部分の底面の幅が約三・三メートルもある大規模なものである。深さについては、南の山側も工事で削られているためはっきりしないが、少なくとも四メートルほどはあったと思われる。まさに大土木工事である。大溝の底には径が一―二・五メートルほどもある自然の花崗岩の大石が五個もみつかっている。何とも不思議ではあるが、溝の掘削に際して出てきたものが放置されたままに残ったものか、大溝斜面に露出していたものが転落してきたかどちらかということになろうか。

図22 ● 南西突出部、東端部の列石の状況
端部にゆくにしたがい、小さな板石を用いて、最後はカーブして小さな石となって終わっている。

大溝から検出された遺物については、大小の角礫と円礫、そして特殊壺、装飾普通器台、長頸壺などがある。円礫は、北東突出部でもみられたように斜面に帯状に配されていたと推定されるものである。また角礫は大きなもので八〇—九〇センチ、小さなものは二〇—四〇センチほどのものである。このうち大きな方は、他の場所での列石に相当する大きさで、あるいは上方にあった第一列石の石であることも考えられる。また小さいものは、確認された先端列石の西方部分で残されているように、列石の上に石垣あるいは貼り石状に積まれたものが転落したものではないかとみられた。

土器類については、円礫や角礫の下方の層から一括をなす特殊壺、装飾普通器台、長頸壺などが出土している。これは、北東突出部の平坦面でみられた長頸壺の出土状況と同様の状態とみてよいもので、突出部上から円礫などとともに転落してきたのではなく、大溝の底に置かれていた、ないしは廃棄されていたと考えられるものであった。

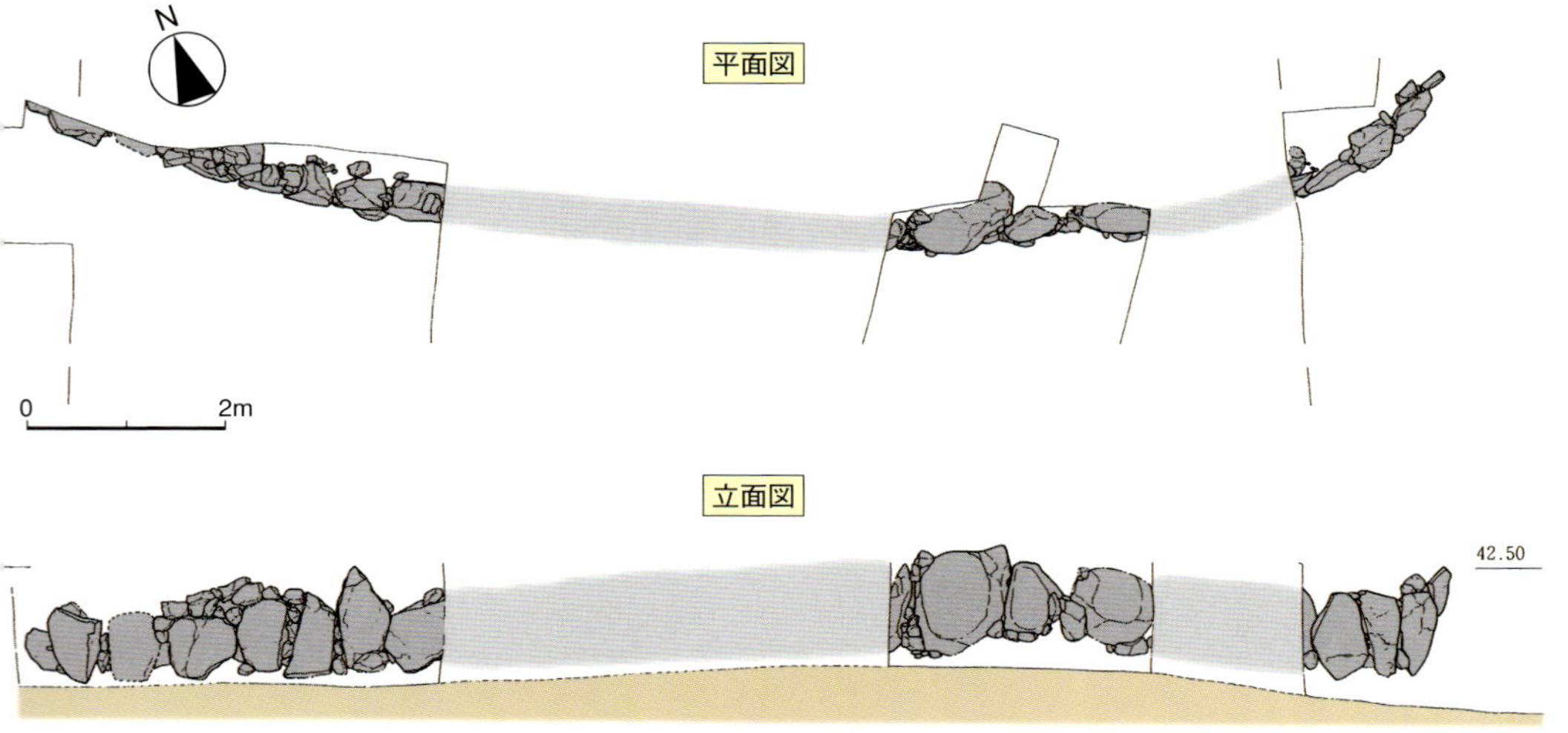

図23 ● 南西突出部先端の列石の平面図（上）と立面図（下）
平面でみると、ゆるやかにカーブしていることがわかる。とくに東端部はカーブが強くなって終わる。中央から端に向かってしだいに小さな石を用いているようにみえる。

墳丘の規模

完全に消失して手がかりのない北東突出部は別にして、南西突出部ではくびれ部との間がぬけているものの、奇跡的に長さ二二メートル、幅一四メートルという規模が明らかとなった。それでは円丘部の大きさはどうであろうか。

円丘部の墳端部分の調査は、先にみた斜面の列石の調査区を下方に延ばす形で、五回にわたり、計七本のトレンチを入れておこなっている。発掘調査前の地形測量では、標高四〇―四一メートル前後のところで傾斜が変換しているようにみられるところがあり、その部分を中心に調査はおこなわれた。しかしながら、これだけの調査にもかかわらず、この部分から墳端を明示するような石列や溝、段などの遺構は検出されなかったのである。

そうすると、どこを墳端とするかが問題となってくる。考え方は二つあろう。ひとつは、もともと墳端を画する施設をもたず、墳端は明確には意図されなかったとする見方である。確かに、弥生墳丘墓の特徴のひとつとして、墳端が必ずしも明瞭でないということもあげられており、他の弥生墳丘墓の調査においても墳端の確認に苦労するということがしばしば起こっている。そこで、はっきりしないながらも傾斜変換点付近を墳端とすれば、円丘部の径は北西から南東で約四八―五〇メートル、東西で五一―五三メートルという数値となる。

その一方、痕跡でしか認められないが、墳丘をめぐる列石の下方にあたる第二列石を、墳端を画する施設とする見方もできる。それは北東突出部において第二列石の外側に犬走り状の平坦面があることや、南西突出部先端の列石が第二列石に相当するとみられることなどによる。

図 24 ● **想定復元された楯築弥生墳丘墓**
両突出部が破壊される以前は、こういった状況であった。
（画像製作：宇野佐知子、協力：近藤義郎）

この場合、円丘部の第二列石の外方は、北東突出部の第二列石の外方と同様、墳丘を築くために広く地山ないしは盛土を整形したものとみなすことになる。このように第二列石を墳端とすれば、円丘部の直径は、北東から南西で約四〇メートル、北西から南東で約三八メートル強という数値が得られる。

そうすると、楯築弥生墳丘墓の全体の長さは、どうしても推測を重ねた数値にならざるを得ないが、ここでは仮に円丘部の墳端を第二列石とみなして、円丘部径を四〇メートル、そして南西突出部を二二メートル、それに北東突出部の推定長一六・五―一九・五メートルを加えると、全長七八・五―八一・五メートルという数値となり、おおむね八〇メートル前後とみることができる（図24）。推定ながら、この規模は現在までに知られている弥生墳丘墓のなかでは文句なく最大のものである。

2　中心主体部の追究

主体部を覆う円礫

楯築弥生墳丘墓の中心主体部については、第一次の調査の段階ですでに円丘頂部のほぼ中央で墓壙の掘り方と思われる遺構をつかんでいる。満を持して中心主体部の調査に取り掛かったのは、北東突出部の調査が一段落ついたのちの第三次調査であった。

墳頂部の表土を取り除いていくと、握り拳ぐらいの大きさの円礫が広い範囲に散らばっているのがみられた（図25）。そのなかでも、とくに墓壙のほぼ中央と思われるあたりに、墓壙の長軸方向に沿った形で円礫が集中している場所があった。断面を残しながら慎重に掘り下げていくと、円礫の厚さは六〇センチから一メートルにも達した（図26）。調査では、これを円礫堆《えんれきたい》とよんだ。

あとでわかることだが、この円礫堆は、もともとは主体部が埋め戻された後、その真上に円礫が高く盛られたもので、木棺等の腐朽にともなって次第に中に落ち込んで埋められたような状態となったものであった。

円礫堆には円礫ばかりでなく、炭や灰とともにおびただしい数の遺物が含まれていた。なかには特殊器台や特殊壺、高坏をはじめとする各種土器類、勾玉形や人形《ひとがた》などの土製品、鉄製品などの特異な遺物が多くみられた。そして調査に従事する全員を仰天させたのは、御神体の弧帯文石と瓜二つの文様をもつ石片がつぎつぎに出土したことであった（図27）。

この発見によって、御神体の石が楯築弥生墳丘墓に

図 25 ● 円丘中央の円礫の集積
中央主体の真上に置かれていた。調査では円礫堆とよんだ。

POST CARD

おそれいりますが
５０円切手を
お貼り下さい

113-0033

東京都文京区本郷
2-5-12
新泉社

読者カード係 行

ふりがな		年齢	歳
お名前		性別	女 ・ 男
		職業	
ご住所	〒 都道府県 区市郡		
お電話番号	– –		

◉アンケートにご協力ください

・ご購入書籍名

・本書を何でお知りになりましたか

□書　店　　□知人からの紹介　　□その他（　　　　　　　　　　　　　　）

□広告・書評（新聞・雑誌名：　　　　　　　　　　　　　　　　　　　　）

・本書のご購入先　　□書　店　　□インターネット　　□その他

（書店名等：　　　　　　　　　　　　　　　　　　　　　　　　　　　　）

・本書の感想をお聞かせください

＊ご協力ありがとうございました。このカードの情報は出版企画の参考資料、また小社から新刊案内のお知らせ等の目的以外には一切使用いたしません。

◉ご注文書（小社より直送する場合は送料1回290円がかかります）

書　名	冊　数

図 26 ● **中心主体部の真上に置かれた円礫堆の断面**
主体部の木棺の腐朽にともなって、落ち込んだもの。
周囲では、主体部の墓壙の検出がおこなわれている。

図 27 ● **円礫堆の断面**
左側下端と右側に弧帯文石の破片がのぞいている。左端のものは、核ともいうべき下半部の大きな破片。

ともなうものであるとの確たる証拠が得られたわけで、弧帯文石は二個あったことになる。そして不思議なことに、御神体の方は無傷で今日まで伝世し、かたや中心主体部上のものは意図的に破壊され、円礫とともに埋められていたのである。この弧帯文石を含め、出土遺物やその出土の状態についてはあとでくわしくふれることにしたい。

大きな墓壙

埋葬主体を納めるための墓壙の調査は、円礫堆の調査と並行しておこなわれた。検出された墓壙はやや歪んだ楕円形をしており、主軸を北方向からやや西に振っている。その規模は、南北約九メートル、東西五・五―六・二五メートル、深さは約二・一メートルもあり、弥生墳丘墓としては破格の大きさである（図28）。通常、弥生時代の木棺は人の身長程度、大きくても二メートルほどである。そのことから考えると、この墓壙の大きさは特別であり、これから調査を進めていく主体部の構造の特異性を暗示しているようであった。

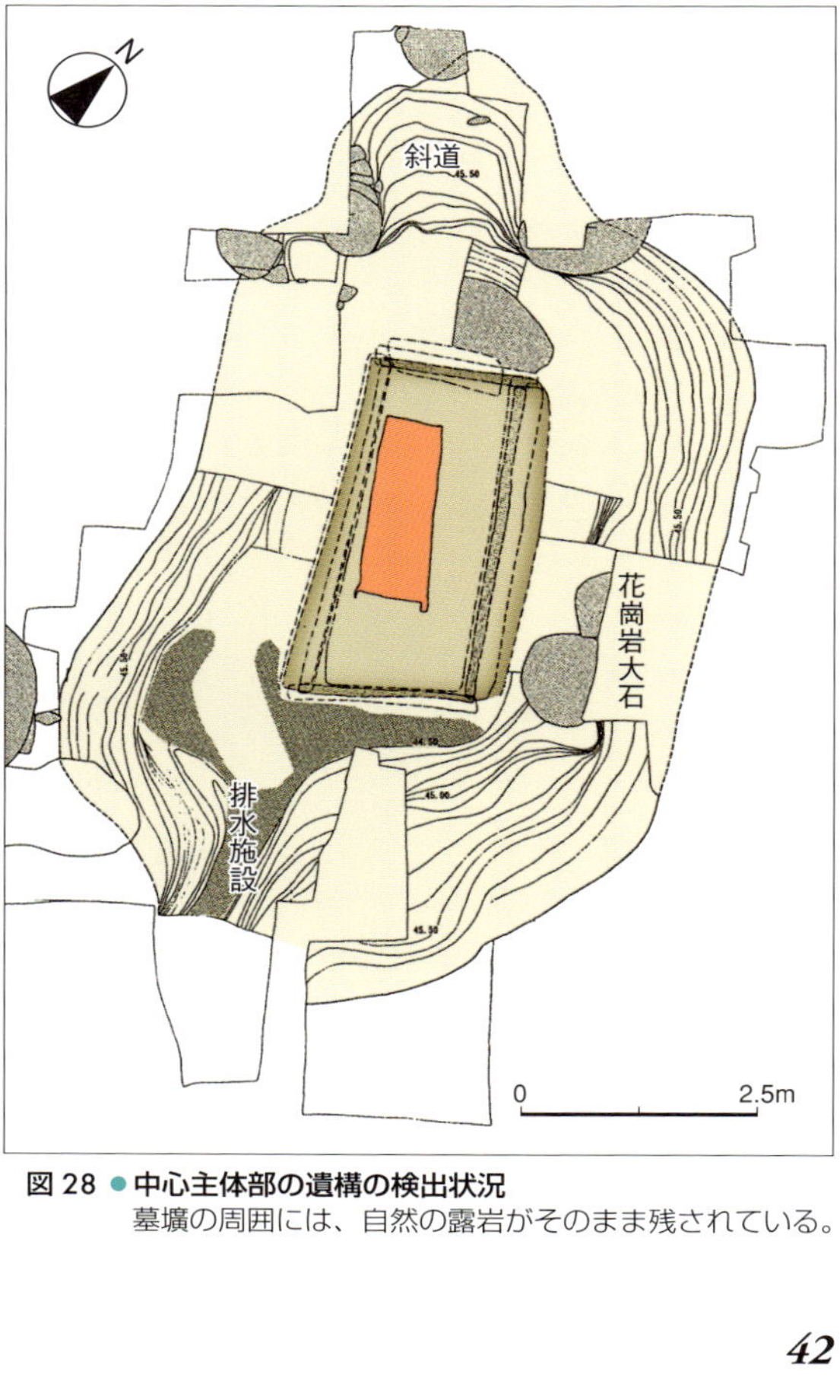

図28 ● 中心主体部の遺構の検出状況
墓壙の周囲には、自然の露岩がそのまま残されている。

なお、墓壙の掘り方の斜面には、大きな地山の花崗岩がいくつも露出した状態でみつかっている。これらの大石は、埋葬の中心施設の中にあるにもかかわらず、どういうわけか取り除かれることなくそのままに置かれていたのである。このことは、先にみた南西突出部の大溝の中に転落していた大きな花崗岩が片付けられることなく存在していたことと共通するものがあるのかもしれない。

木棺木槨構造の解明

先にみた墓壙中央での円礫堆の落ち込み具合から、おそらく主体部は木棺であろうという予測は立てていた。事実、掘り進んでいくと、棺底に敷かれた朱の存在を手がかりにして、木棺部分については比較的容易に検出することができた。それによると、木棺は箱形と考えられ、内法の長さ一九七センチ、幅が南側で七二センチ、北側で五九センチであった。

しかし、木棺の痕跡を追究していくなかで、その

図 29 ● **中心主体部の調査作業風景**
右端は御神体が納められている石祠。

外側に残したいくつかの土層断面に何とも不可解な変化がみられたのである。そこには、薄い粘土の層が複雑に向きを変えて交じり合い、重なりあっていた（図29）。調査にあたった近藤と秋山浩三らの学生は何日もこの断面とにらみあいを続けた。そして粘り強くひとつひとつの層の整合性を確認し、論議を重ねた末にたどり着いた結論は、木棺の外側にそれを包み込むような木槨が存在していたということであった（図30・31）。

もちろん木槨の素材である木材は腐朽してまったく残っていない。木質が腐っていく過程でキメの細かい土や粘土が隙間に入り込んで、その痕跡が薄い層として残されていたのである（図31）。残された痕跡をたどっていくと、木槨の平面形はやや歪んだ長方形となり、内法の長さは、中央付近で約三・五三メートル、幅は約一・四五メートルとなる。高さは、木槨の西側に残された断面を緻密に観察した結果、約八八センチと推定された。

図30 ● 中心主体部の全容
手前の石組は排水溝で、途中で枝分かれしている。
木棺底部の朱が鮮やかにみえる。

解明された木槨の構造は、かなり複雑である。図32は、土層から推定復元した構造の断面図である。木槨の構築過程について、近藤は、『楯築弥生墳丘墓』（吉備人出版）のなかでわかりやすく簡潔に述べているので、ここではそれを紹介しよう。木棺木槨構造について、精密な調査から導き出された近藤らの復元案は、つぎのとおりである。

「まず墓壙底に溝を掘り、礎版《そばん》ともいうべき留め板（部分によってはその下に補強の角材が置かれる）の上に側材と小口材を置いて安定を図る。側と小口が作る槨下方の内側部分に二、三〇センチの厚さで土を置き、ついで槨の長軸にほぼ直角に角材か丸材かは不明な桟《さん》が置かれる。桟の痕跡は八本見つかったが一〇本くらいあったかもしれない。桟の上に槨の下底材が、下底板の上には大小不揃いの自然石の台石が三個ずつ二列に置かれ（高さは置き土や板切れなどで調整され）、その上に上底板が置かれてはじめて、木棺が乗せられ底に多量の朱が敷か

図31 ● **中心主体部の南東隅の土層断面**
複雑な土層のなかから、木槨の構造が読み取れる。
手前の角礫は排水溝の石。

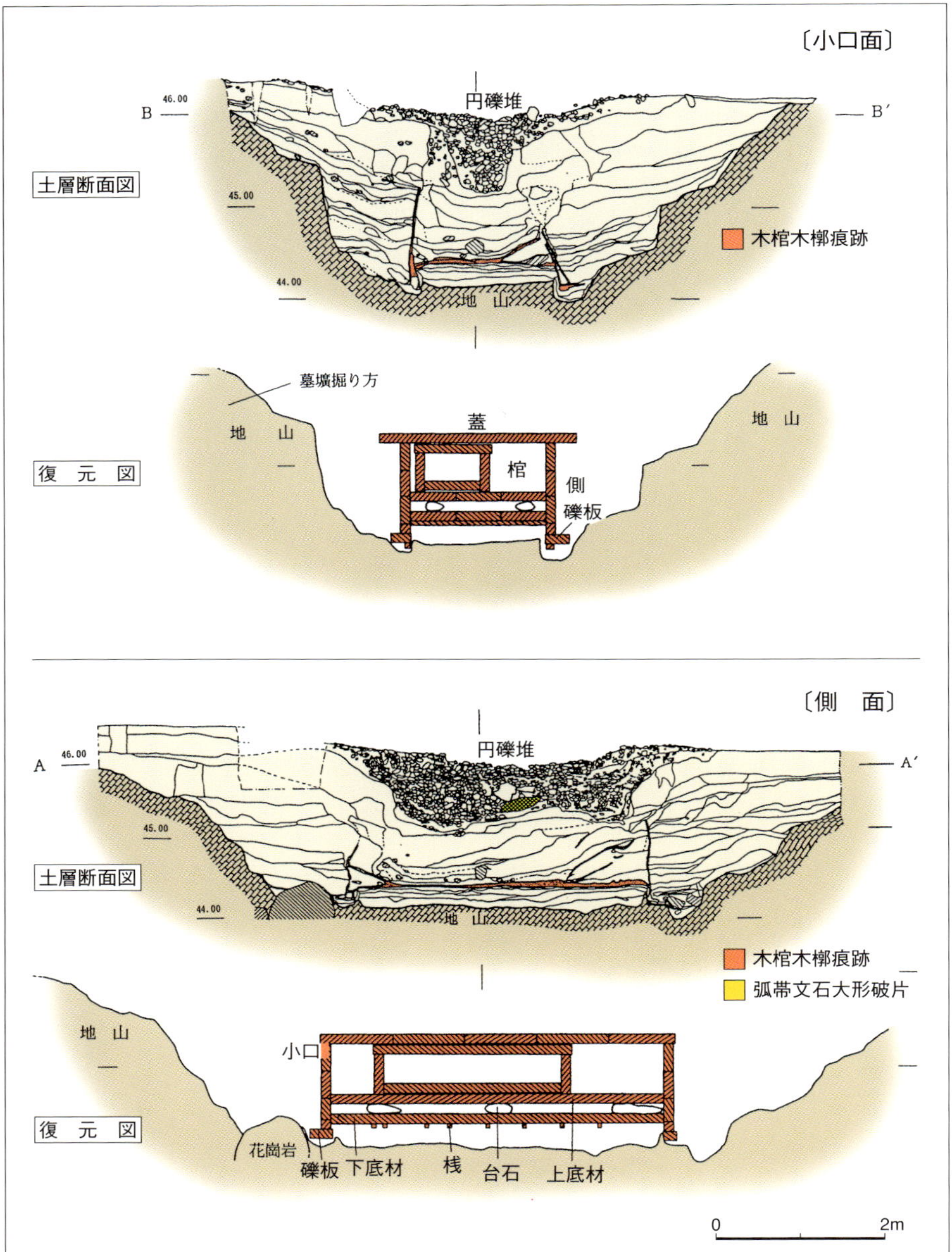

図32 ● 中心主体部の土層断面図と、そこから想定復元された木棺木槨構造

れる。さらに木棺に蓋、続いて木槨にも蓋が被せられる。遺骸や副葬品は、木棺の蓋が置かれる前に納められる。」というものである。このように木槨のつくりは非常に複雑で、とくに底板等の下部のつくりは重厚なものとなっていることがわかる。

真紅の棺床

棺床面に敷かれていた朱を検出していくと、棺の痕跡は目にも鮮やかな真紅に浮かび上がった。朱は棺底全面に敷かれていたのだ（図33）。だが、厚さは均一ではない。とくに南側でもっとも厚く四―五センチもあり、北の端では数ミリ程度のところもある。全体で見ると、平均して一センチ前後の厚さのところが多かった。

朱の総重量は、計測によると三二キログラム以上に達するといわれている。驚くべき量の朱である。朱は弥生時代にも埋葬施設で一般

図33 ● 検出された中心主体部の木棺
底面に敷かれた朱が鮮やかにみえる。写真手前が頭部の位置。周囲に玉類が検出されている。また、その右側には鉄剣もみえる。

的に用いられるものであるが、少量を頭部や胸部などに薄くばら撒き、せいぜい赤い色が見えるという程度であることを考えると、楯築弥生墳丘墓で用いられている朱は途方もなく膨大な量であったことがわかる。

木棺内部の調査は、まさに朱の層を掘るというはじめての体験となった。細心の注意を払いながら掘り進んでいくと、木棺南側において、朱に浅く埋まった状態で各種の玉類や鉄剣といった副葬品が検出され、同時に玉類の間から歯の一部が見つかった（図34・35）。歯以外の骨などの遺骸については、まったく消え去ってしまっており、歯もわずかに歯冠部エナメル質部の小片が二点残されていたに過ぎなかった。しかし、これによって頭部の位置が確定し、朱は頭部周辺にもっとも厚く敷かれ、足元にいくほど薄くなっていることが明らかとなった。

出土した歯を分析した宮川徏によれば、残存の状況が悪く正確な判定を下すのに大きな制約があると

図34 ● 中心主体部・木棺底部で検出された副葬品
鮮やかな朱のなかに、碧玉製の管玉が浮かび上がってみえる（玉類B）。ここが頭部。左端には、鉄剣が検出されている。

図35 ● 鉄剣の切っ先に接して検出された玉類（玉類C）
玉類は碧玉製の小形の管玉とガラスの丸玉、小玉からなる。

図36 ● 中心主体部の木棺と木槨の位置と副葬品の配置
木棺は、やや偏って置かれている。玉類Aは、木棺の上に置かれていたものとみられている。

断ったうえで、年齢は若年とするよりは熟年期を考えるのが妥当とし、性別は不明であるが、小ぶりな歯牙という感じがもてるとしている。

わずかな副葬品

朱の敷かれた棺底から出土した遺物は、鉄剣一口と三連の玉類である。これが副葬品のすべてである（図36）。鉄剣（図37）は全長が四七センチあり、遺骸の右側に切先を頭部方向に向けて置かれていた。三連の玉類（図38）のうち、ひとつは翡翠《ひすい》の勾玉《まがたま》一、瑪瑙《めのう》の棗玉《なつめだま》一、碧玉《へきぎょく》の管玉《くだたま》二七からなる首飾りで、先の歯を囲むように配されており、被葬者の首にかけられていたものであろう。もう一連の玉は、鉄剣の切先に接するように出土しており、小さな管玉とガラス製の丸玉・小玉がかたまって置かれている。残る一連は、木棺の南東隅で検出されたもので、朱の層よりもわずかに上層にあり、棺床ではなく、木棺の蓋の上に置かれていたものが、腐朽とともに転落したものと解されている。

図37 ● 中心主体部木棺から出土した副葬品の鉄剣

このように、楯築弥生墳丘墓の主体部からは、のちの前方後円墳の棺内に副葬される鏡はもとより、大量の武器、農具といった品々もみられなかった。むしろ、被葬者の愛用品が棺に納められたという状態で、前方後円墳とは歴然としたちがいがみられるのである。

整った排水施設

中心主体の調査も終盤に差しかかったころ、巨大な墓壙の南東端に排水溝が取り付けられていることが判明した。弥生墳丘墓としてははじめての例で、まったく予想外のことであった。

排水溝は、木槨の頭部方向にあたる木口部分に接して設けられている。溝の中には石を立てて配して、上面に板石で蓋をしたような部分もみられ、いわゆる石組みの暗渠となっている。溝の幅は、木槨に接した部分で幅約四〇センチ、深さ約二〇センチで、木槨から二・四メートル離れた調査区の南端部分では幅約一・二メートル、深さ約一・一メートルの溝となって、さ

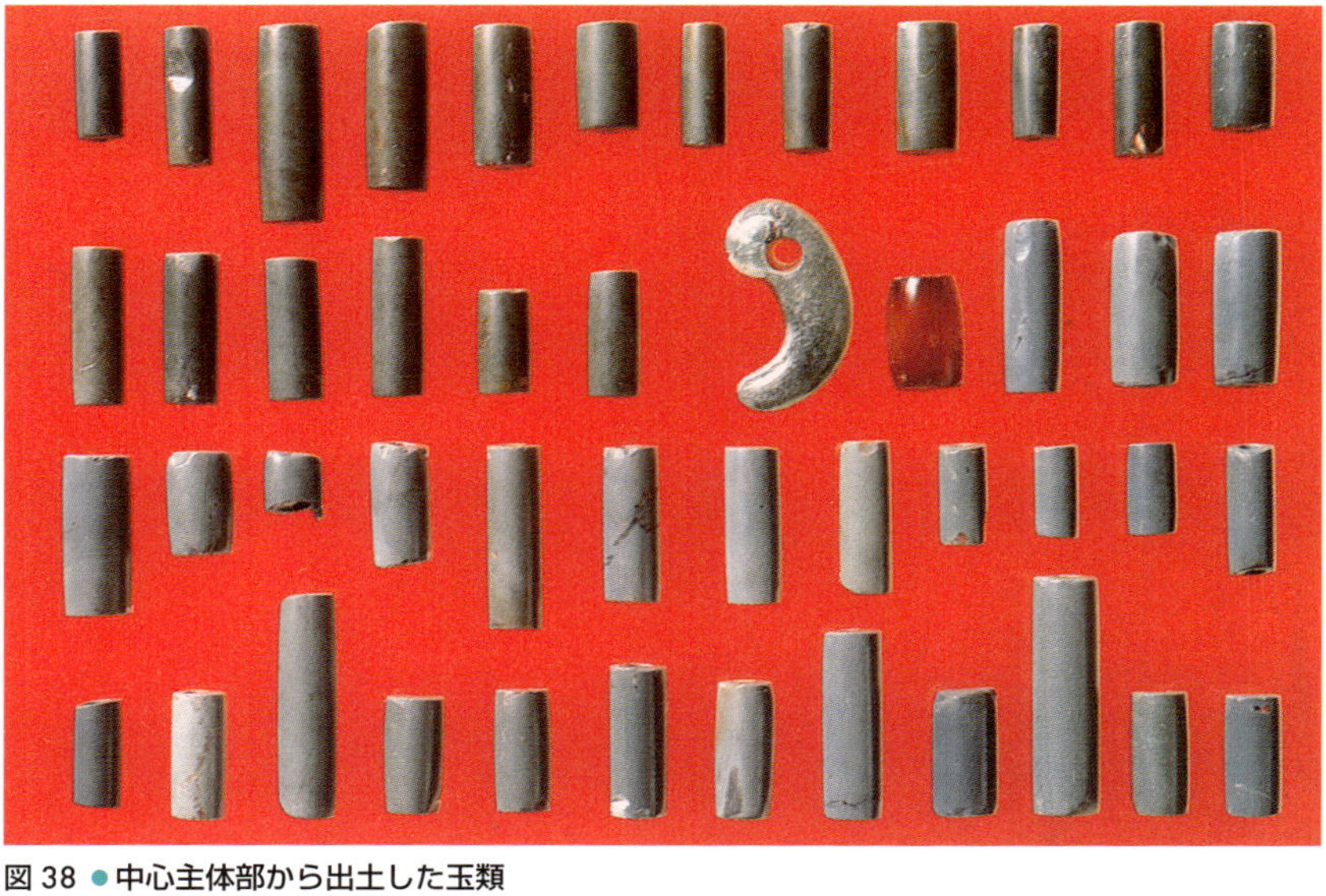

図38 ● 中心主体部から出土した玉類
上1段目と2段目左から6個目までが、玉類A群。他は玉類B群。B群の勾玉は翡翠製。その右側の褐色の棗玉は瑪瑙製。管玉はすべて碧玉製である。

らに墳丘外へと続いている（図30）。

また木槨部分とは別に、排水溝は途中から枝分かれして一・五メートルほどの長さで墓壙南端の掘り方下端に達している。この地点からは調査中にも染み出るように湧水が出ており、これを受けるためにわざわざ設けられたものと考えられた。

こうしたていねいなつくりの排水溝は、木槨内の底面の重厚な構造とともに、遺体の保存という意識のもとに、湿気に対して非常に気をつかっていたことのあらわれとみられている。

もうひとつの埋葬

中心主体から南東方向へ一一メートルほど離れた墳頂平坦面の端近くに、別な埋葬主体が存在している。第二次調査でその存在が発見され、続く第三次調査で中心主体とともに全容が調査されたもので、第二主体とよんでいる。

墓壙の規模は、掘り方上面で長さ約三メートル、幅約一・四メートル、深さは一・〇─一・二メートルあり、長楕円形を呈している（図39）。墓壙の底には粘土が敷かれ、弧を描いていることから割竹形に類した木棺が想定されている。木棺の大きさは、外法で長さ約一・九五メートル、幅六〇─八〇センチである。棺内には副葬品はまったくみらなかったが、頭部と思われる北側付近にはわずかな量の朱が置かれていた。

第二主体は墳丘盛土内におさめられており、墓壙の埋土の中に墳頂部の円礫が多数含まれていることや円礫層を切り込んで墓壙が掘り込まれていることから、中心主体の埋葬後に築かれたものであることがわかる。中心主体と比較すると、その構造や形式、副葬品そして朱の量等々すべてにおいて、その差は歴然としている。

こうした第二主体のほかにも、いくつかの地点で埋葬主体の存在をうかがわせる遺構が検出されており、墳丘内に複数の埋葬がおこなわれていたと考えられている。そのひとつは、中心主体から北東へ八メートルほど離れたトレンチで、土壙状の落ち込みが確認されており、埋葬主体の可能性が指摘されている。

また円丘部だけでなく、突出部にも存在している可能性も考えられている。第四次調査において南西突出部の西側くびれ部で確認された暗渠状の排水溝の存在がそれである。この排水溝は中心主体でみられたものと同じ構造をしており、南西突出部のほぼ中央に向かってゆるやかにカーブしてのびて、その延長上に埋葬主体が存在していたことはほとんど確実と考えられている。

図39 ● 第2主体の検出状況
わずかな朱がみられたほかは、副葬品はなかった。
左右両端にある青黒い石はサヌカイト。

第3章　大首長の葬送祭祀

1　特別な埋葬

前章までに、楯築弥生墳丘墓の七次におよぶ調査の概要と各遺構のようすを中心にみてきた。発掘調査をとおして明らかにされた楯築弥生墳丘墓の実態は、他の弥生墳丘墓に類をみない立石や弧帯文石、最古型式に属する特殊器台と特殊壺、また他の追随を許さない墳丘規模と大量の朱の存在など、特異な要素を多くもったものであった。

それらは、楯築弥生墳丘墓に埋葬された被葬者が、社会的にも呪術的にも卓越した存在であることを暗示していると考えられており、それまでの弥生墳丘墓とはちがう、特別な埋葬祭祀がおこなわれたのではないかとみられるのである。

それでは、実際に楯築弥生墳丘墓の上でおこなわれた葬送にともなう一連の祭祀とはどのようなものであったのだろうか。またそれぞれの遺構や遺物は、どういう役割を演じたのであろうか。つぎに楯築弥生墳丘墓を構成する特徴的な要素のいくつかについて、近藤義郎らによるこれまでの研究の成果に導かれながら考えてみよう。

重厚な棺槨構造

楯築弥生墳丘墓の中心主体は、先にもみたようにたいへん複雑な木棺木槨構造であることが解明された。とくに木槨底部の構造は注目されるもので、横桟を置いた上に底板がのせられ、台石をはさんで上下二枚の底板が置かれるという念の入ったものであった。

この構造については、近藤をはじめ調査にも携わった秋山浩三・宇垣匡雅・吉留秀敏らも指摘しているように、木槨の南側に貼り付けたようにある排水溝の存在とともに、棺内に水が浸入することに対して非常に気を使っていたことを示しているとみられる。棺を水分から離すために墓壙の底からなるべく高い位置に置いていることや、自然

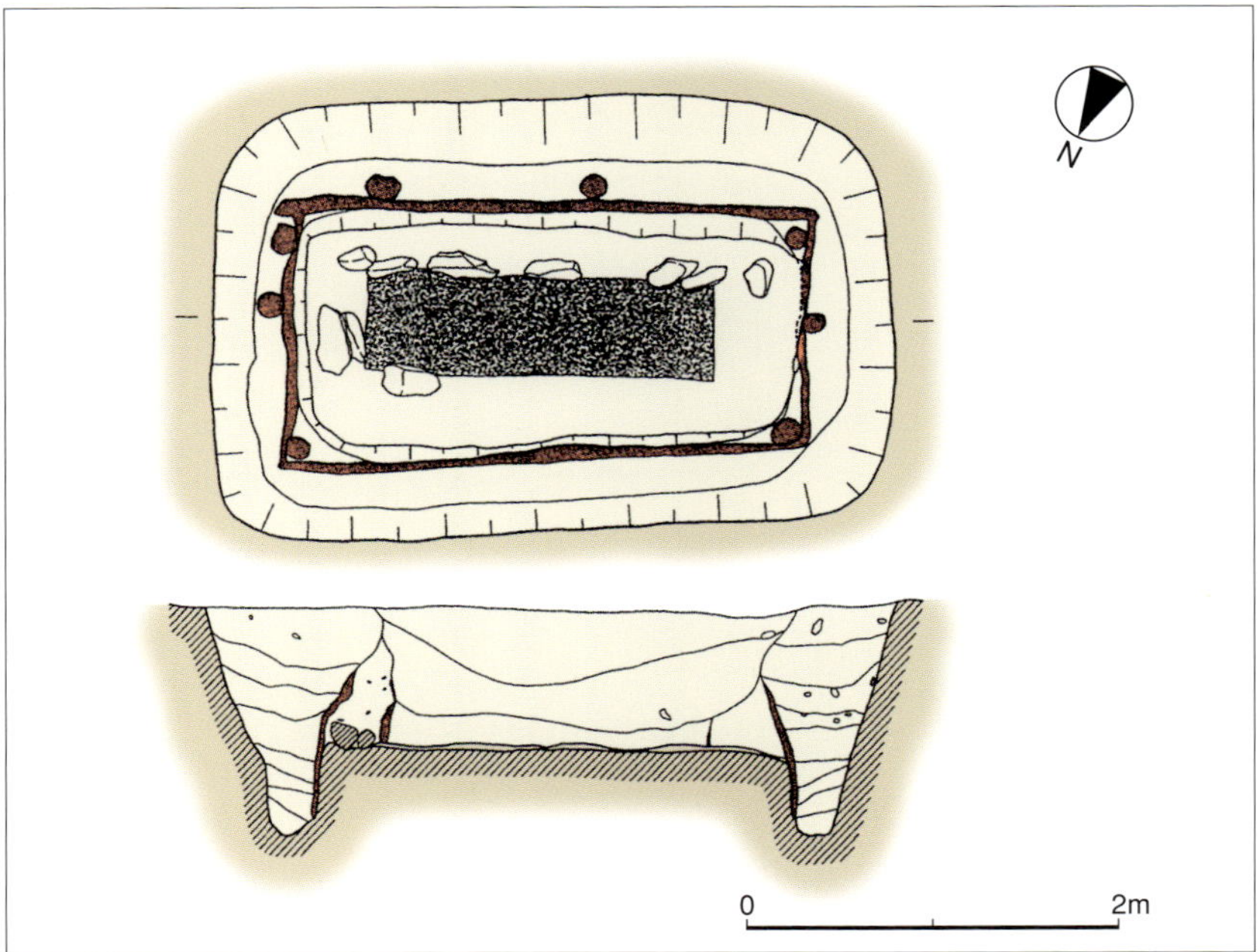

図 40 ● 岡山市雲山鳥打１号弥生墳丘墓で検出された木棺木槨構造の主体部

湧水層を木槨から隔離するための副水路の設置、木棺をさらに重厚な木槨で覆うことなどは、それまでになく遺体を特別に保護、保存しようという意識が高いことのあらわれであろう。

木棺木槨の構造をもつ弥生墳丘墓の例は、楯築弥生墳丘墓のほかに岡山市雲山鳥打《くもやまとりうち》一号弥生墳丘墓（図40）や総社市立坂《たてざか》弥生墳丘墓、また山陰の出雲市西谷《にしだに》三号弥生墳丘墓（図41）など数例が知られている。このうち西谷三号弥生墳丘墓は、吉備から搬入された特殊器台や特殊壺が出土していることから、吉備との深いつながりが指摘されている墳丘墓である。そうした面からすると木槨構造を有する埋葬施設が吉備を中心とする地域に多くみられるということ、そして楯築弥生墳丘墓がその規模や重厚で複雑な構造という点において卓越した存在であるということなどから、吉備を中心に採用された埋葬方法といえるかもしれない。

しかし、それらが吉備のなかで独自に成立したものであると考えるのはやや困難なように思われ、やはり楽浪郡古墓の棺槨との類似から近藤らが指摘するように、朝鮮半島や中国からの影響のもとに成立したものとみるべきであろう。

大量の朱

楯築弥生墳丘墓の中心主体の棺底には、驚くほどの大量の朱が使用されていた。朱とは、水銀の化合物である硫化水銀のことで、天然には辰砂《しんしゃ》とよばれる鉱物として存在している。中国の湖南省辰州で採れるものが有名であったことから、その名がつけられたといわれている。日本では、三重県や奈良県、徳島県などの中央構造線沿いの地で辰砂の採掘される場所が知られている。そのなかでもとくに徳島県阿南市にある若杉山遺跡は、弥生時代終末期の辰砂生産遺跡であることが明らかにされており、時代的にも楯築弥生墳丘墓との関係が注目された。

しかし、楯築弥生墳丘墓と若杉山遺跡出土の朱の化学分析にあたった安田博幸や山崎一雄らの研究によれば、楯築弥生墳丘墓の朱はかなりよく精製された良質の水銀朱だけが使用されており、若杉山遺跡の朱は純度が劣るものであること、そして鉛の同位体比の測定からも両者は別なものとされている。すなわち若杉山遺跡から採取された朱が楯築弥生墳丘墓へもたらされたとは考えられないという結果となった。

楯築弥生墳丘墓の朱の産地については、現在まで特定はできていない。しかし、これだけの膨大な量の、しかも良質な朱を供給できる産地については、中国や朝鮮などからの搬入の可能性も含めて考える必要があるだろう。弥生時代

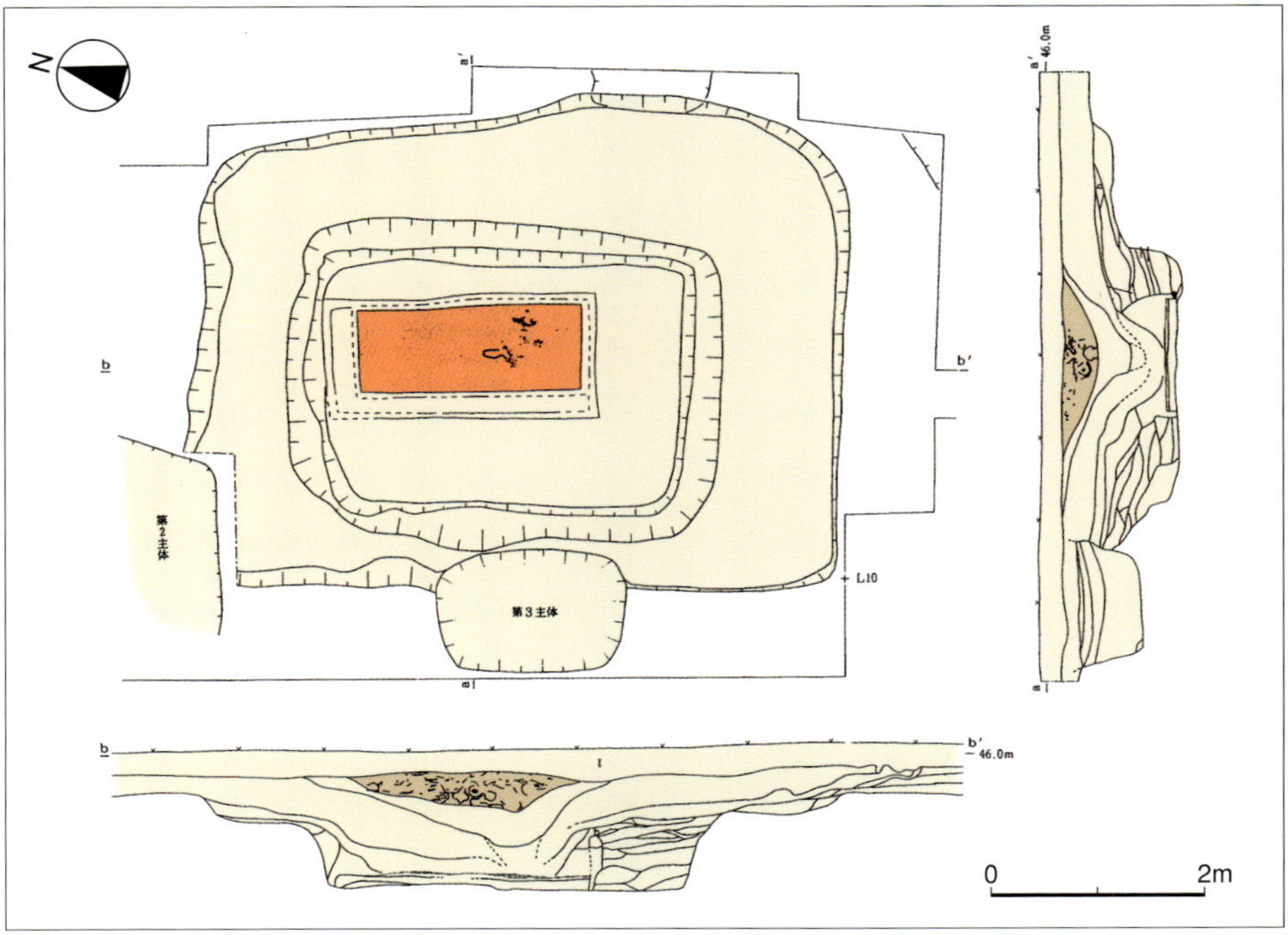

図 41 ● 島根県出雲市西谷３号弥生墳丘墓で検出された木棺木槨構造の主体部

後期において、当時たいへん貴重であった良質の水銀朱を入手し、また大量に集めること自体、楯築弥生墳丘墓に葬られた首長の政治的威力の絶大さを示していることにほかならない。

埋葬にともなって朱が用いられるという理由については、いろいろな解釈がなされている。たとえば朱は血の色に通じ、生命の復活を願うためとする考えや、より実用的に水銀の殺菌力を利用して遺体の防腐作用を期待したというもの、あるいは神仙思想にもとづくという考え方などがある。これについて近藤は、楯築弥生墳丘墓でおこなわれた主要な儀礼が首長権の継承儀礼であるととらえたうえで、朱の役割は引き継ぐべき首長の霊を復活させ、その霊力を高めるために使用されたものであるとしている。そして鎮魂のための道具立てとして大量の朱が用いられたと考えているのである。

いずれにしても、古代の人びとが朱の赤色に対して呪術的な特別の意味合いを感じていたことは確かであり、楯築弥生墳丘墓に葬られた首長の葬送儀礼に際して、あえて大量に使用したということに重要な意味合いが含まれているものと考えられる。

2　墓上でおこなわれた祭祀

円礫堆に残された祭具

亡き首長の埋葬にともない墳墓上で執りおこなわれる儀礼については、墳丘の築造から木棺の埋納、墓壙の埋め戻し、墳丘の外表施設の設置に至るまで、それぞれの段階に応じて、墳丘の各所で儀礼がおこなわれたであろうことは、容易に想像がつく。儀礼そのものについては、考古学からは証明するすべはないが、それらに使用されたと思われる道具が意識的にあるいは無意識的に残されていることがある。それらを手がかりとして、儀礼の一端を推測することはある程度可能だろう。

楯築弥生墳丘墓の場合は、円丘中央にそうした儀礼に使われたと思われる道具類を集め、円礫とともに埋葬主体部の真上にまとめて置かれていたことが明らかにされている。これを調査では、円礫の集積があったことから円礫堆とよんだ。そのなかには、みんなを驚かせた弧帯文石のほかに特殊器台・特殊壺をはじめとする土器類、呪術的な要素の強い土製品や鉄器などの祭具のほか、植物の種子、炭灰などが含まれていた。そして、これらのほとんどは、意図的に破壊された状態で円礫とともに主体部の上に置かれたものであった。

立石に囲まれた荘厳な聖域の中で、これらの祭具を用いて、どのような儀礼が執りおこなわれたのであろうか。まず円礫堆からみつかった祭具と考えられる遺物からみていくことにしよう。

土器類

円礫堆から出土した土器類（図42）には、特殊器台二個体分と特殊壺一個体分、それに高坏、脚付小壺、装飾高坏がある。円礫堆における遺物分布にみられるように、特殊器台・特殊壺についでは円礫堆のもっとも表層に近い部分から出土している（図49）。これは円礫堆が積まれた最後の段階で立てられたことを示していると思われ、円礫堆中の他の祭具とは少し異なった扱い方をされているようにみえる。

高坏と脚付小壺については、脚部が非常に似ており、破片では区別することが難しい部分もあるが、両器種とも少なくとも四〇個体以上は含まれていたものと考えられている。そして、これらの土器の坏部と壺部が確認できたなかでは、すべてにおいて焼成後の穿孔が認められている。また装飾高坏は、円礫堆から一三個体ほどが出土している。筒形の柱状部から突帯をもつ裾部と坏部が大きくひらくもので、鋸歯文や刺突文などで飾られている装飾性の高い高坏である。こうした土器類はいずれも破片として、円礫堆の中全体に散らばっており、使用後に円礫とともに積み置かれたものと考えられる。

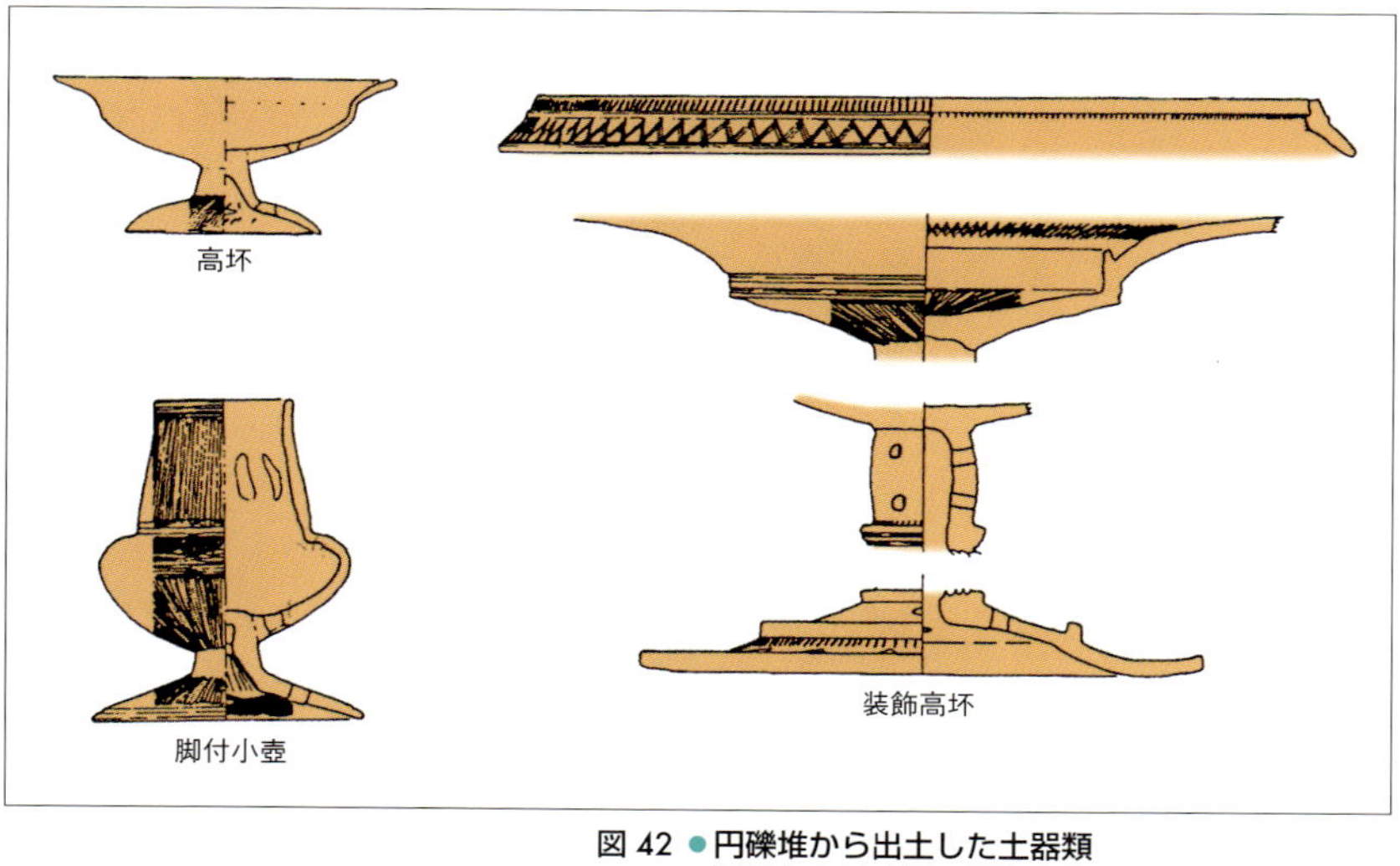

図 42 ● 円礫堆から出土した土器類
図の左上は高坏、写真と図の左下は脚付小壺で、坏部に焼成後の穿孔がみられる。右は装飾高坏。

土製品

土製品には、勾玉形と管玉形、人形、家形のものがある。勾玉形土製品（図43）は、八個体分がいずれも破片でみつかっている。大小二種類があり、大きいもののなかには三条の沈線の間に綾杉文が施された丁字頭のものがみられる。また管玉形土製品は、完形のものが五個、破片が四個あり、大きさには大中小の三種がみられる。

人形土製品は、九個体分ほどがみられ、いずれも破片となっている。そのうちのもっとも残りのよい個体は、頭部が欠けた上半身のものである（図44）。残存高は九・五センチあり、内部は中空となっている。全面にわたって細かく綾杉文や刺突文などで飾られており、胸には勾玉をつけた首飾りの表現があり、左手は勾玉を押さえているようにみえる。また右胸には小さな膨らみの表現があり、女性をかたどったものかもしれない。

鉄製品

全部で四一点がみつかっているが、すべて破片で、L字

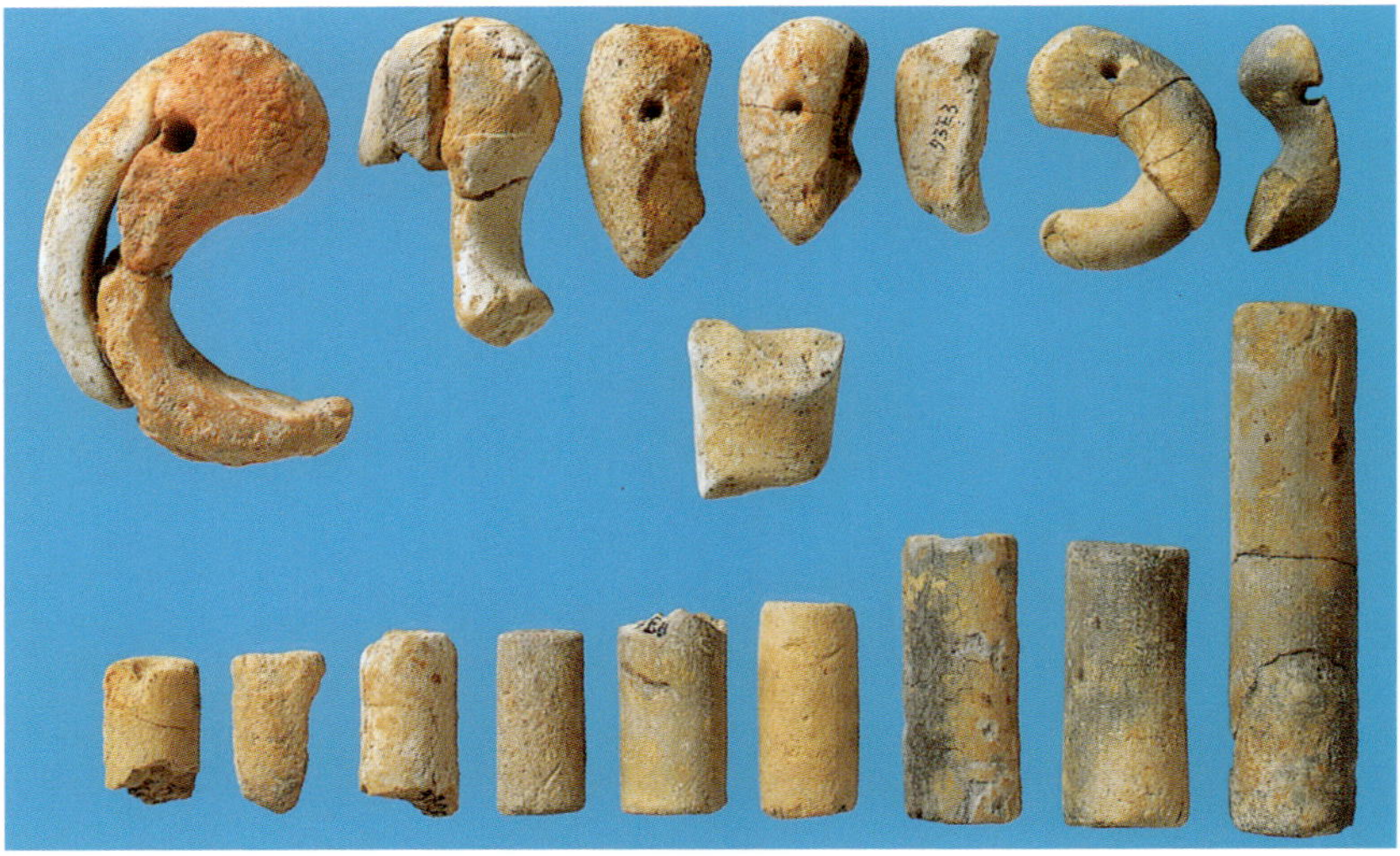

図43 ● 円礫堆から検出された勾玉形と管玉形の土製品
勾玉は、すべて割られている。

形に折れ曲がったものも多くみられる。長さは大きなものでも三センチ、厚さは一─四ミリほどの小形で薄いものである。柳の葉のような形のものもあり、刀子などの鉄製品の何かを表現したものであろうが、特定はできない。

弧帯文石

弧帯文石は、大小数百片に壊された状態でみつかった。その出土分布は、遺骸の頭部の真上あたりを中心に、円礫堆下半部に集中しており、その最下部から、これらの母岩とでもいうべき大きな破片が検出された（図45）。破片を接合してみると、最大長約六一センチ、幅約三〇センチ、厚さ約一六センチの大きさとなった（図46）が、その上半部のみが細かい破片となって割れており、下半部は剥離もなくほとんど完存していることがわかった。上面から側面にかけて淡く灰色を呈したところがあり、この部分に火がかけられて細かい破片に砕かれたものと考えられている。帯を巻きつけたような文様は、線刻によって石の全面に刻まれており、基本的な文様の構成は御神体となっている弧帯文石と同じものである。

図 44 ● 円礫堆から出土した人形土製品
割られているが、首飾りや乳房のような表現がみられ、女性をかたどったものと考えられる。

図 45 ● **円礫堆の底面近くから検出された弧帯文石**
左側のものは核ともいうべき大型の破片。

図 46 ● **円礫堆から検出された弧帯文石**
バラバラに壊された破片を接合すると、
ほぼ完形に復元できた。

炭灰その他

円礫堆の中の土は、黒色から黒褐色をしており、多くの灰や炭が含まれていた。これらの炭灰は、出土した弧帯文石が火を浴びていたことからも推測されるように、祭儀のなかでおそらく盛大におこなわれたであろう焚き火の痕跡を示すものと考えられている。さらに円礫堆の土の中には、小モモやクスノキの一種、カジノキなどの種子も含まれていたことが、秋山文子の調査で明らかにされている。そのほかにも、祭祀に使われた有機質の道具や供え物等もあったにちがいないが、腐朽してしまって、今となっては知るすべもない。

ふたつの弧帯文石

御神体となっている弧帯文石とそっくりの文様の石が、発掘調査で出土するなどということは、誰も予想しなかったことであった。それだけに人びとを驚かせたわけであるが、そこで問題となってくるのが、ふたつの弧帯文石の関係である。

円礫堆から出土した弧帯文石は、御神体のものとくらべるとかなり小さいもので、体積比でみると九分の一ほどである。石材については、鉱物学の元岡山大学地質鉱物学教授逸見吉之助、および同光野千春の別々の方法による分析によって、双方とも紅柱石質蝋石《こうちゅうせきしつろうせき》であることがわかっている。この石材は、岡山県内では南部の鴨方町周辺で産出されるところがあるという。

双方とも文様の構成は基本的には同じもので、一定の幅をもった線刻の帯が重なり合い、折り返し、反転して複雑な文様を構成し、断面が三角の隆起をもつ円孔をS字状にめぐるように展開している（図47）。ただ、出土の弧帯文石は、表面積が小さいこともあってか、構成がやや簡略化されているようである。大きさもさることながら、ふたつの弧帯文石のもっとも異なる点は、御神体の弧帯文石にのみ人の顔が描かれていることである。顔の表現は、石の角の側面に顔面だけが楕円形に浮き彫りされているものである（図48）。表面が荒れてみにくいが、よくみると目と口、鼻らしきものが細い刻線で描かれていることがわかる。

この弧帯文石に刻まれている顔だけを出し、体全体を帯で幾重にも巻かれている姿にみえる人物が、はたして楯築弥生墳丘墓に葬られた首長自身であるのか、あるいは祖霊や怨

図 47 ● 御神体となっている弧帯文石の文様
断面が三角形の隆起をもつ円孔をS字状にめぐるように帯状の文様が刻まれている。

霊を封じ込めた表現であるのか、たいへん興味深いところで、それによって弧帯文石を用いた祭祀そのもののもつ意味合いも異なってくるであろう。

もうひとつの注目すべき点は、その使われ方である。ひとつは火を受け、粉々に砕かれて円礫とともに積まれており、もうひとつは今日に至るまで完全な形で残されているのである。やはりそれぞれの弧帯文石のもつ役割がちがっていたと考えざるを得ないだろう。

墳頂の祭祀

ふたつの弧帯文石を含め円礫堆から出土した遺物は、墳頂で執りおこなわれた祭祀に用いられたものであ

図 48 ● 御神体として伝世された弧帯文石に刻まれた顔の表現
かなり傷つけられているが、目や口が細い線で表現されているのがわかる。

ることはまちがいない。そして、その場でおこなわれたであろう儀礼は、亡き首長の葬儀に際しての一連の祭祀のうちで最終の、そしてクライマックスの祭祀であったことは想像に難くない。しかしながら、それら祭祀に使用された遺物の出土の状態が儀礼そのものをあらわしているかというと必ずしもそうでないという点で難しさが残る。それは、祭祀が終了した後の、いわば使用後の状態にほかならないということである。

楯築弥生墳丘墓の墳丘上でおこなわれた祭祀については、先にみたように、多くの土器類をともなうことから、共飲共食儀礼を中心とした祭祀であるとみられている。そして近藤は、出土する特殊壺や高坏の類のほとんどに底部穿孔があることから、それらを用いた祭祀はきわめて象徴的な祭祀であったと考えている。また、円礫堆の中に含まれていた人形や勾玉形、管玉形の土製品、あるいは鉄製品、弧帯文石などは、そうした祭祀のなかで、呪術具として穢《けが》れを祓う形代《かたしろ》のような使われ方をされたものと解されている。

そうしたなか、ここで注目したいのは弧帯文石の出土状態についてである。円礫堆は、主体部の木棺や木槨の腐朽にともなって土壙状に落ち込んで埋まったもので、もともとは主体部の真上に盛り上げられていたのである。円礫堆での弧帯文石の出土状態をみると、円礫堆の底に核ともいうべき大きな破片があり、その周囲に粉々に砕かれた破片が散らばっていたという状況であった（図49）。このことは、弧帯文石が別な場所で砕かれ、円礫とともに置かれたというより、主体部の真上で砕かれ、その上にさまざまな土製品や鉄製品が円礫とともに盛り上げられたようにみえるのである（図50）。

すなわち、弧帯文石は墳丘上での祭祀の中心に置かれていたのではないかと考えられるのである。このことは、御神体となって伝世したものを含めて、その具体的な使われ方は不明ながら、墳丘上での祭祀のなかで弧帯文石がきわめて重要な、そして中心的な役割を演じていたことを示していると思われる。

もうひとつの弧帯文石

弧帯文石は、その特異さや、ほかからの出土例もなかったことから、楯築弥生墳丘墓のみの特別な祭具であると考えられていた。ところが、一九九九年になって、楯築弥生墳丘墓から北西に七〇〇メートルほど離れた、倉敷市矢部にある鯉喰神社弥生墳丘墓から新たに弧帯文石の破片が偶然に発見され、楯築弥生墳丘

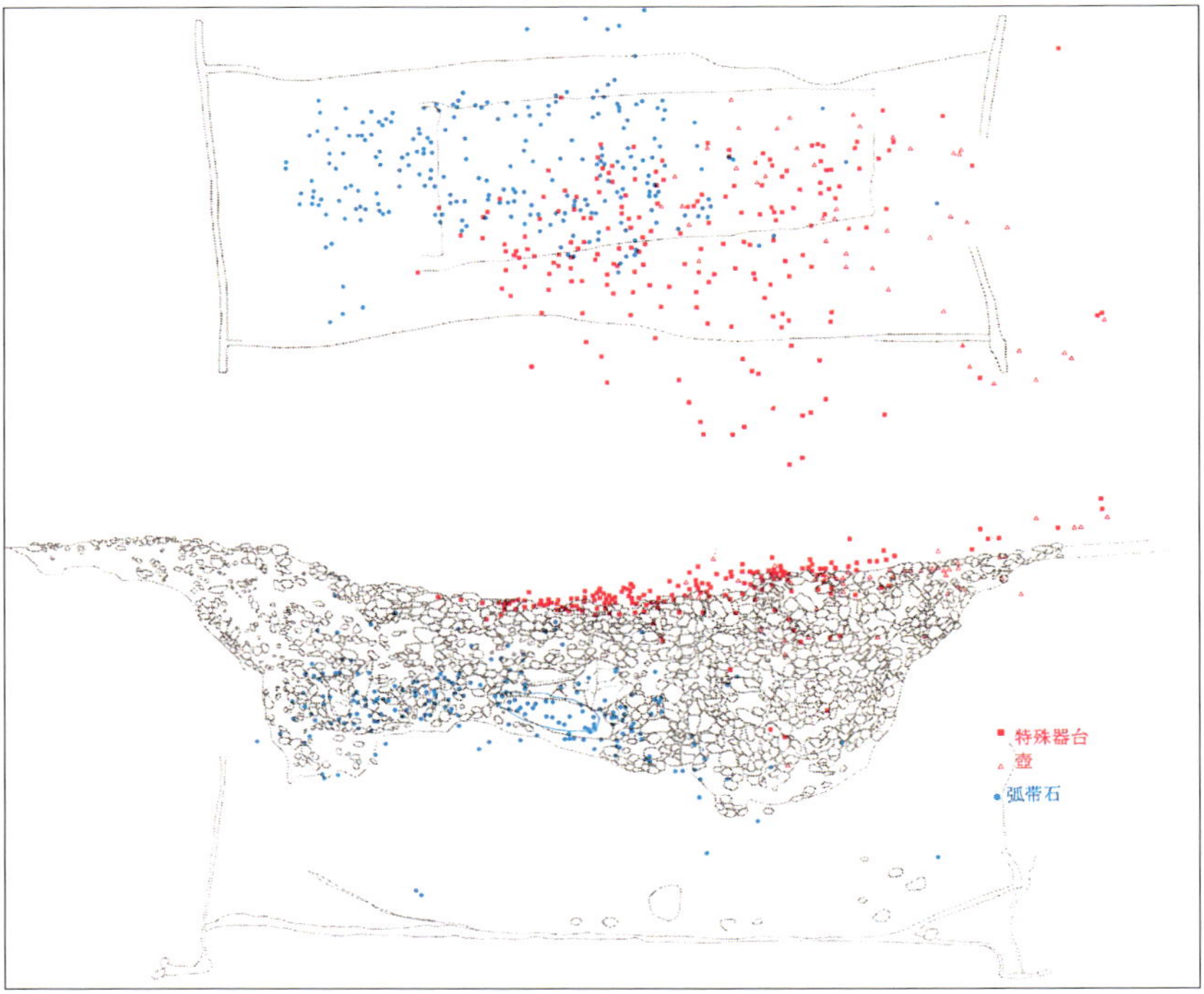

図49 ● 特殊器台、特殊壺および弧帯文石の出土分布
特殊器台、特殊壺は円礫堆の表面近くに、弧帯文石は底面近くに残されていることがわかる。

墓のほかにも弧帯文石をもつ弥生墳丘墓が存在するということが明らかとなったのである。

発見者の平野泰司と岸本道昭の報告によれば、その破片は拳大の大きさで、最大幅九・二センチ×四・六センチの台形に残された文様面には、楯築弥生墳丘墓の弧帯文石と非常によく似た線刻の文様帯が描かれている（図51）。残されている線刻は、わずかに弧を描く文様帯に直線的な文様帯がほぼ直角に交差している部分である。楯築弥生墳丘墓の円礫堆から出土した弧帯文石より、御神体となっている方により近い様相を呈しているという。石材についてもほぼ同じと思われ、いつのことかは不明ながら人為的に破砕された可能性が高いとされている。

鯉喰神社弥生墳丘墓については、特殊

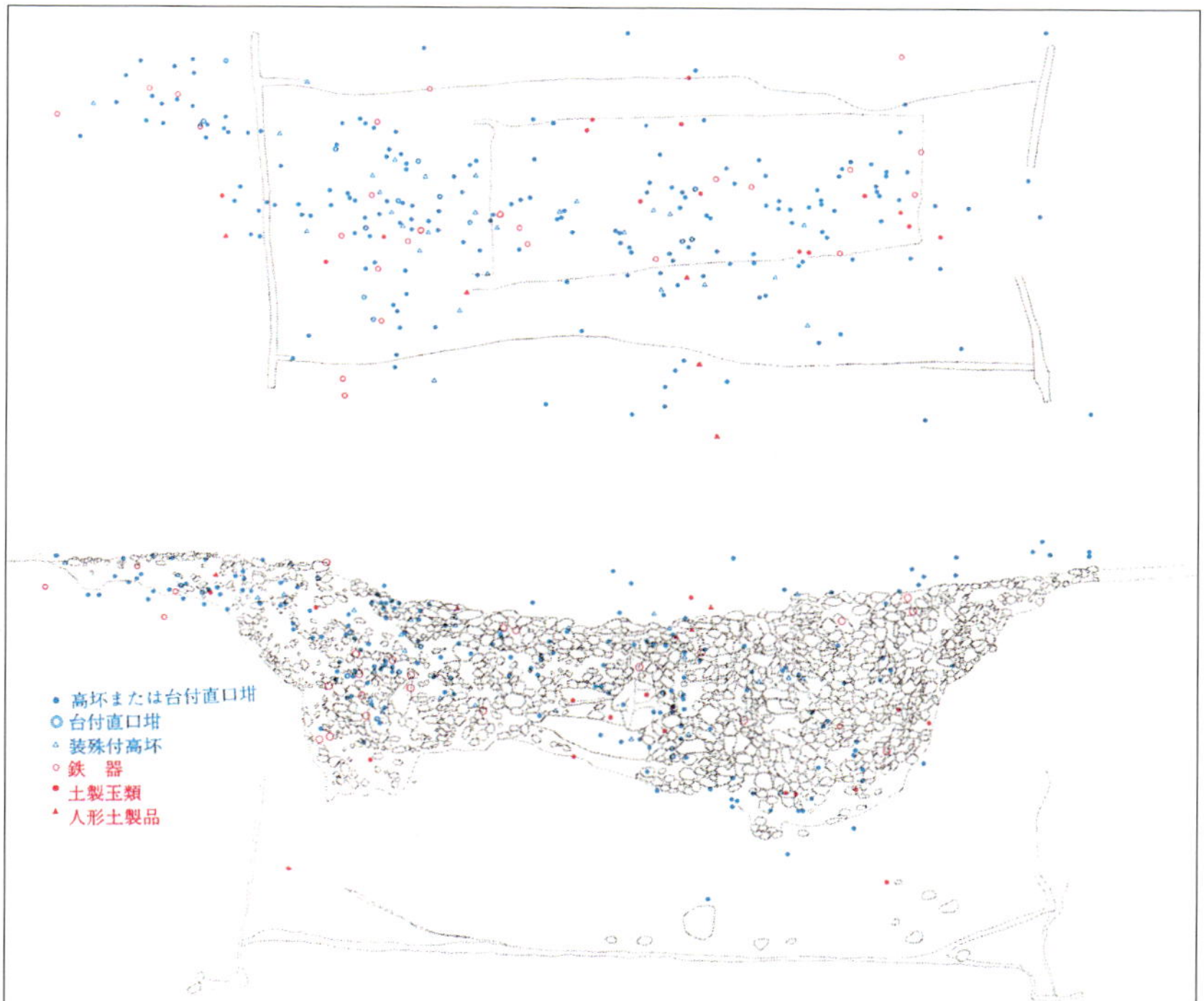

図 50 ● 円礫堆における土器類と鉄器、土製品の出土分布
各遺物とも全体にひろがって出土している。

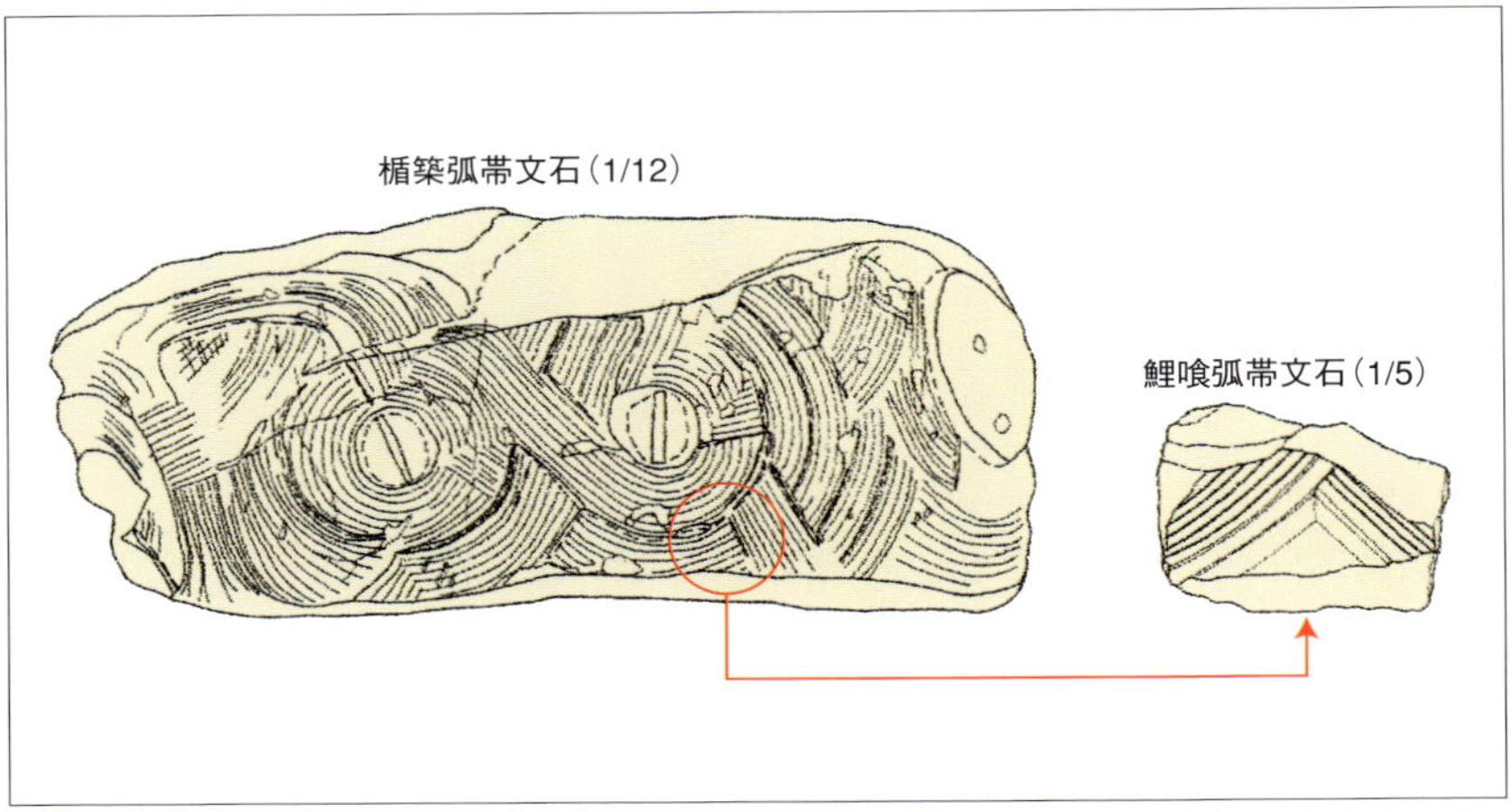

図 51 ● **鯉喰神社弥生墳丘墓で採集された弧帯文石の破片**（右側）
楯築弥生墳丘墓の伝世の弧帯文石（左側）と比較すると非常によく似ていることがわかる。

図 52 ● **鯉喰神社弥生墳丘墓**
中央の林が神社で、方形の墳丘となっている。尾根に沿って、左右に突出部があったと考えられている。

器台が出土していることから、低い丘陵の末端に築かれた弥生墳丘墓であることが知られていた（図52）。

方形をなす墳丘は、約四〇メートル×約三二メートル、高さ四メートル強の規模をもつ大形のもので、民家や参道の石段の造成によりはっきりとはしないが、楯築弥生墳丘墓と同様に、墳丘の両側に突出部をもっていた可能性も指摘されている（図53）。埋葬主体については、一九一六年に社殿の改築がおこなわれた際に石槨が確認されたといわれている。

こうした特徴をもつ鯉喰神社弥生墳丘墓は、墳丘から採集された特殊器台、特殊壺などから楯築弥生墳丘墓に続く向木見《むこうぎみ》期の弥生墳丘墓とみられている。近接する位置にあり、しかも連続する時期の二つの弥生墳丘墓が同様の弧帯文石を有していることの意義は大きいだろう。このことによって、近藤がいうように、弧帯文石こそ弥生時代後期後葉における吉備の大首長の座を示す一種の呪術的威具であるかもしれないという見方が加わることになったのである。

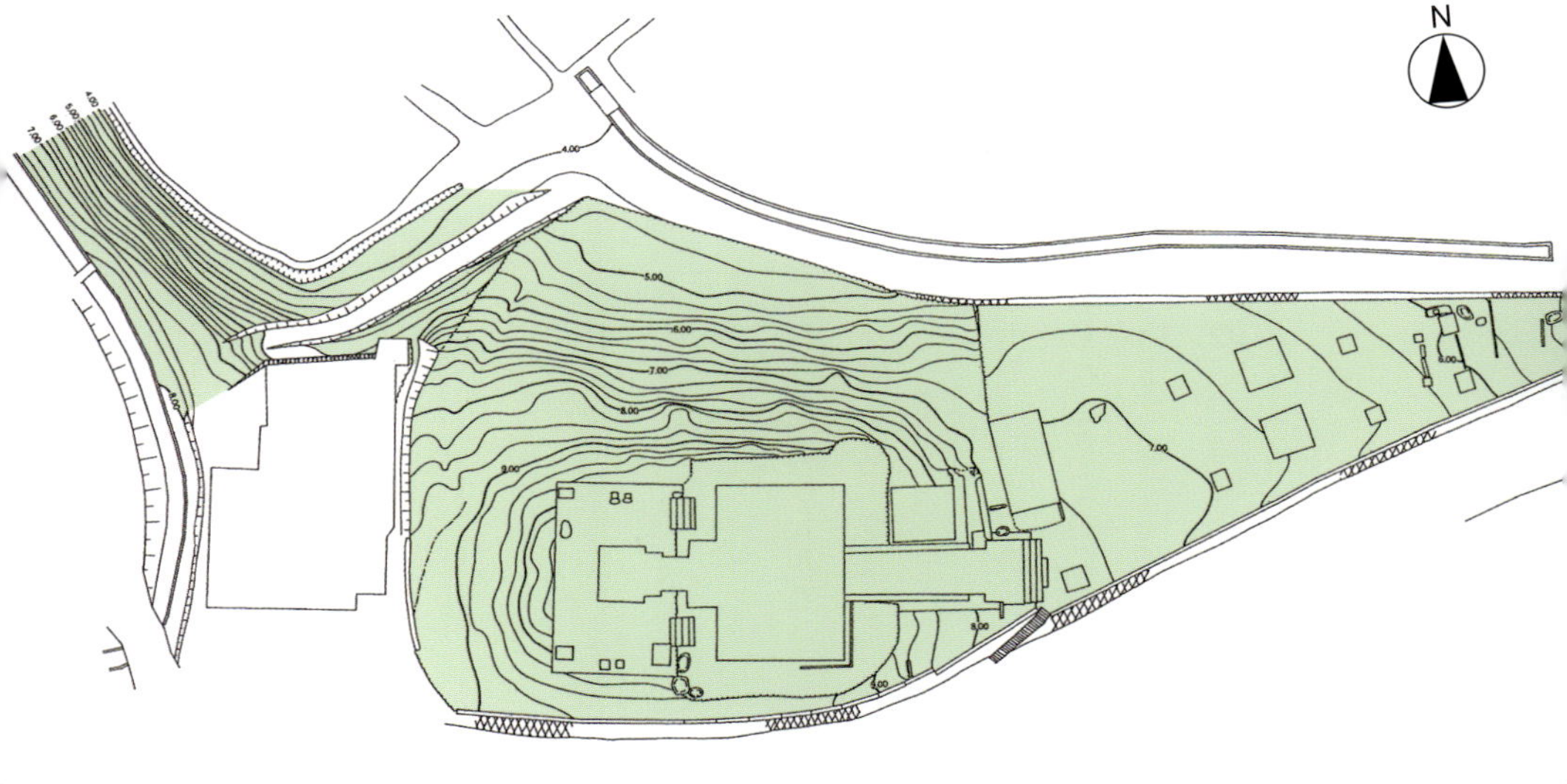

図53 ● 鯉喰神社弥生墳丘墓の測量図
墳丘北西部下方から弧帯文石の破片が発見された。（1/700）

3 特殊器台・特殊壺の祭祀

これまで円礫堆の遺物を中心に墳頂での祭祀についてみてきたが、そのなかでもうひとつ重要な役割を果たしていたと考えられる遺物がある。特殊器台と特殊壺のセットである。

あらためて述べるまでもないが、特殊器台と特殊壺は弥生後期後半の吉備地方で成立、発展した土器である。その名称については、形や大きさ、文様、胎土が通常の集落などから出土する土器と非常に異なっていること、また集落遺跡からはほとんど出土せず、特定の墳墓遺跡に限って出土し、葬送儀礼のために特別につくられた器台と壺であるとみられることから「特殊」を冠されているものである。

それらは一九六七年、近藤と春成秀爾の研究により、特殊器台の文様や形の特徴から大きく三つの型式に分類されている。そして、立坂型、向木見型、宮山型の順に移り変わり、都月型円筒埴輪を経て円筒埴輪へと変化発展していく過程が明らかにされている（図54）。

楯築弥生墳丘墓の調査により出土した特殊器台と特殊壺は、円礫堆や両突出部、円丘部斜面を中心に、それぞれ一〇個体前後が確認されており、それらは立坂型に分類されるなかでも最古の形式にあたるものである。特殊器台と特殊壺を用いた祭祀は、首長墓の出現と時を同じくして成立したとみられており、楯築弥生墳丘墓においてはじめておこなわれたのではないかという見方もされている。

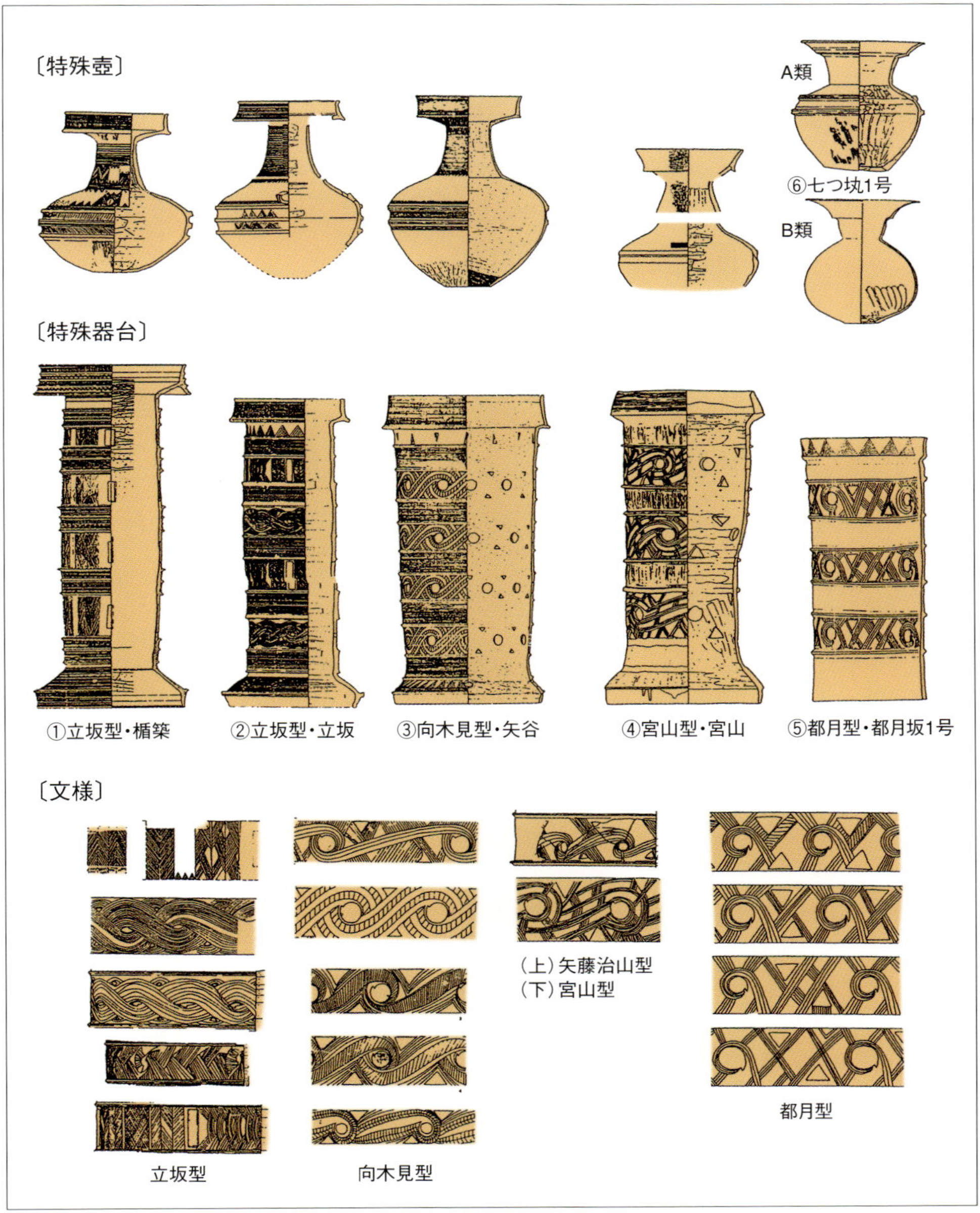

図54 ● 特殊器台・特殊壺の変遷
立坂型から向木見型、宮山型へと変化し、都月型の円筒埴輪へと変遷する。

特殊器台

楯築弥生墳丘墓から出土した特殊器台のうち、円礫堆から出土したうちのひとつがほぼ完形に復元されている（図55）。器高は一・一二メートルもある大きなものである。口縁部と底部の径は同じで四六・五センチあり、わずかに中膨れした長い筒部をもっている。口縁部は幅一〇センチほどに上下に拡張され、突帯や刺突文、波状文、横線文などで飾られている。筒部は箍《たが》状の突帯と平行沈線文からなる五つの間帯によって四つの文様帯が構成されている。

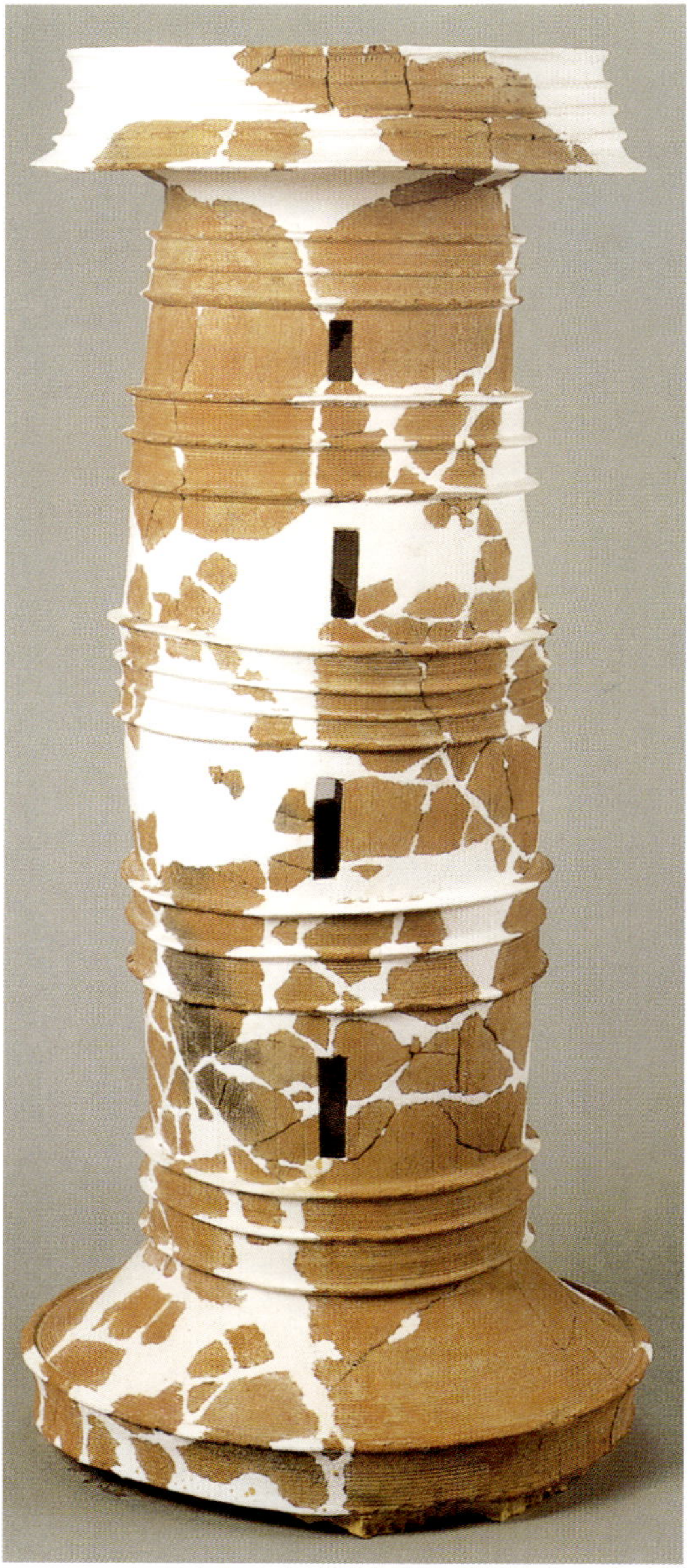

図55 ● 円礫堆から出土した特殊器台
ていねいに接合され、ほぼ完形となった。

細いヘラ描沈線により上下が綾杉文、中二段が三角形を複雑に組み合わせて、中を線で埋めた文様で飾られている。各文様帯には、無文部を置く長方形の透かし孔が四方に開けられている（図56）。また、脚裾部は大きく外方に張り出して端部は上下に拡張されており、外面には平行沈線文が施されている。

このほかの破片となっている個体も、ほぼ似たような文様構成をもつものである。ほとんどのものが外面に丹が塗られており、なかには成形中の粘土のつなぎ目部分にも丹が塗られているものもみられ、成形の途中にも何らかの儀式がおこなわれた可能性も考えられている。

特殊壺

特殊器台の上に載せられるのが特殊壺である。楯築弥生墳丘墓でみられる特殊壺は、器高四〇センチ前後のもので、タマネギ形の胴部の上に、ハ

図56 ● 特殊器台の胴部の拡大写真
上から、第４間帯・第４文様帯・第５間帯。

の字形に広がる長い頸部をもち、そこから強く外反したのちにほぼ直立する幅広の口縁部をもっている（図57）。強く張った胴部には、三条の箍状の突帯がめぐっており、その間は鋸歯文などで飾られている。長い頸部には沈線がめぐらされ、なかには斜線文などが施されるものもみられる。口縁部は平行沈線や鋸歯文、波状文で飾られており、ほとんどのものは口縁部内面と外面に丹が塗られている。すべての特殊壺の底部には、径二―五センチの大きさに焼成後に穿たれた孔があけられている。

図57 ● 南西突出部大溝から出土した特殊壺

特殊器台・特殊壺を用いた祭祀

こうした特殊器台と特殊壺のもつ歴史的意義や役割、性格などについては、近藤による精緻な研究がなされており、特殊な土器を用いた祭祀の本源は、埋葬された亡き首長の霊とともにおこなう共飲共食あるいは飲食物供献といった祭祀であったと推定されている。

ここでの共飲共食や飲食物供献といった祭祀は、神酒《おみき》や供物《くもつ》を神とともにいただくという「相嘗《あいなめ》」あるいは「直会《なおらい》」などとよばれる儀礼とされており、もともとは集落内でおこなわれた収穫や神に対する農耕儀礼のなかで実施されていたものと考えられている。

吉備地方の集落遺跡からは、弥生時代中期から後期にかけて農耕儀礼に使用されたと思われる器台が出土している。これが弥生時代後期後半になると、首長墓の出現と時を同じくして集落遺跡からの器台の出土数が大きく減少する傾向がみられる。そして、それに対応するかのように農耕祭祀に使用されていた壺と器台が、巨大化し装飾を施されて新たに特殊壺と特殊器台として墳丘墓の上に登場してくるのである。

このことは、集落のなかでおこなわれていた農耕儀礼が、首長の葬送に際しての儀礼のなかに取り込まれたことを意味しているとみられている。すなわち、共飲共食の儀礼が集落から墓に移るなかで、墳丘墓での呪術的な祭祀という新たな事態に対応する祭具として、特殊壺と特殊器台が出現したと推測しているのである。また、そうした特殊器台と特殊壺を用いた祭祀についていては、特殊壺をはじめ壺や高坏などことごとくが底部穿孔され、わざわざ非実用的なものとしているところから、共飲共食祭祀はきわめて象徴的な儀礼であったとみられている。

楯築弥生墳丘墓においては、先にもみたように、円礫堆からさまざまな祭具とともに、底部が穿孔された壺や脚付小壺、高坏が出土しており、墳頂部においてそうした共飲共食祭祀の象徴的な儀礼がおこなわれたと考えられている。

ただ、円礫堆での特殊器台と特殊壺の出土状態をみると、弧帯文石を中心に高坏や脚付小壺、各種土製品、鉄製品が円礫とともに盛り上げられた後に、その上に立て置かれたようにみられた。すなわち墳頂部の円礫堆でみられた特殊器台と特殊壺は、円礫堆の中に含まれている祭具と同時に使われたものというより、その場所で埋葬にともなう祭儀が執りおこなわれたことを指し示すための標《しるし》のような役割をもって、祭祀の終わりに置かれたものであるという見方もできるかもしれない。

立石と列石で囲まれた聖域

いうまでもなく楯築弥生墳丘墓における葬送祭祀の中心舞台は、円丘部中央である。そこでは、これまでみてきたように、たんに遺体の埋葬の祭祀というだけではなく、象徴的な共飲共食を通して、亡き首長から新たな首長への「権威」というか「権力」というか、そうした威力の継承の祭祀が執りおこなわれたものと考えられている。

その舞台である円丘部には、もっとも重要で神聖な場所として、それにふさわしい舞台装置が整えられていた（図58）。すなわち、円丘部の斜面にめぐらされた二重の列石とその間を埋める円礫、そして墳頂部に立ち並べられた巨大な立石群、周囲に敷かれたおびただしい数の円礫などである。墳端から見上げれば、それらはそびえ立つように見えたことだろう。そして、いやがうえにも神聖さと亡き首長の偉大さを強調する演出となったに違いない。

こうした円丘部の聖なる区域で執りおこなわれた祭儀そのものについては、墳丘上に残された遺物を手がかりに推測するほかはないが、つぎのような情景を想像してみてはどうだろうか。

林立する巨石に囲まれた中、亡き首長の棺の真上に清浄な円礫が敷かれ、二つの弧帯文石が据えられている。それを中心として、さまざまな儀器を使い首長の継承祭祀が執りおこなわれるのである。中世まで葬儀は夜におこなわれることが一般的であったとされていることを考えると、かがり火や松明など、盛大に火が焚かれたなかで、祭儀が夜に執りおこなわれたとみることもできる。

一連の儀礼は、厳《おごそ》かに焚かれる火によって立石が照らし出され、その影が揺らめいているなかで進行する。そして祭祀の終わりには小形の弧帯文石が砕かれ、土製品などの祭具も打ち毀されて役目を終えて円礫とともに盛り上げられる。一連の儀礼の最後に、墓標のごとく特殊器台と特殊壺が立て置かれるのである。このとき御神体として伝世することになる弧帯文石も傍らに置かれていたにちがいない。

図 58 ● 円丘頂部の聖域を示す立石群

以上は、筆者のひとつの想定にすぎないが、いずれにしても楯築弥生墳丘墓においては、円丘中央に向かって列石や立石、円礫など幾重にも石による区画がなされ、神聖な場所としての舞台装置が整えられたのである。そして、その舞台の中央で首長の交代にかかわる祭祀が執りおこなわれたことはまちがいないだろう。そこでおこなわれた祭祀こそ、こののち吉備全域に広がることになる特殊器台・特殊壺を用いた吉備独特の祭祀のはじまりであったかもしれない。

ただ、こうした特別の舞台装置、すなわち立石などによる墳丘の装飾については、楯築弥生墳丘墓においてのみただ一度きり用意された装置であったようで、現在までのところ後にも先にもそうした例は知られていない。

第4章　前方後円墳へのかけ橋

多様な弥生墳丘墓

吉備地方において弥生墳丘墓が顕著な発展をみせるのは弥生時代後期後葉からで、吉備南部の土器型式では上東鬼川市Ⅲ式期にあたる。この時期には、楯築弥生墳丘墓を筆頭に、墳丘の規模や構造、埋葬施設などに著しい卓越性がみられるようになる。いわゆる首長墓とよばれる特定個人の傑出が認められる墳墓の出現である。また、それと時を同じくして特殊器台と特殊壺が出現し、以後、弥生墳丘墓と深いかかわりをもって展開していくことになる。

この時期の吉備地方の弥生墳丘墓については、方形や長方形、円形などの墳形とそれらに付随する突出部の有無、外表施設における列石の状況、さらに内部主体における木槨や石槨、配石など、個々の弥生墳丘墓によりかなり異なっていることが明らかにされている。

宇垣匡雅も指摘しているように、こうした多様さこそが弥生墳丘墓のもっとも大きな特徴であるともいわれており、逆に明確な規則性や統一性を見出すこと自体が困難であるとさえいえる。このことは、同時期に山陰地方でみられる四隅突出型弥生墳丘墓が、墳形や貼石などの外表施設等において強い共通性をもって発展していくことと対照的な現象となっている。

共通する葬送祭祀

しかし一方で、こうした多様性を特徴とする吉備の弥生墳丘墓にあって、唯一、共通して認められるといえるものがある。特殊器台と特殊壺の存在である。

図59には、特殊器台が発見された遺跡が示されている。このなかには墳丘墓だけでなく集合墓地などから出土したものも含まれているが、楯築弥生墳丘墓の所在する足守川周辺から小田川水系を中心に備中南部に集中して出土しており、備前や美作、備後地方にもひろがっていることがわかる。

先にみたように、特殊器台と特殊壺は象徴化された共飲共食をともなう首長霊の継承儀礼に際して使用された儀器であるとみられており、それらが首長墓である弥生墳丘墓に共通して存在しているということは、とりもなおさず、そこにおいて同質の祭祀が執りおこなわれていたことを示しているとみてよかろう。これを近藤義郎は、首長間の擬制的な同祖同族関係とその階層性を示すものととらえ、埋葬祭祀に際して特殊な土器を用いる点で結ばれた諸集団の関係こそが、後に吉備とよばれる諸集団の結合の先駆ではないかという見方を示している。

こうした吉備という地域全体に首長権の継承にかかわるとみられる同質の儀礼がひろがっているということは、たんに一つの集団がおこなう個別の行事としてではなく、たとえば吉備という勢力全体で首長の埋葬儀礼が取り仕切られていたのではないかという見方がされているわけである。そうした儀礼の道具立てのひとつが特殊器台や特殊壺ということである。

さらに、特殊器台と特殊壺の胎土や施文などに強い共通性がみられることから、備中のいずれかの地で一括してつくられたと考えられており、吉備のそれぞれの集団に配布された可能性も指摘されている。

出雲から出土する特殊器台・特殊壺

こうした吉備そのものを示すとされる特殊器台と特殊壺が、

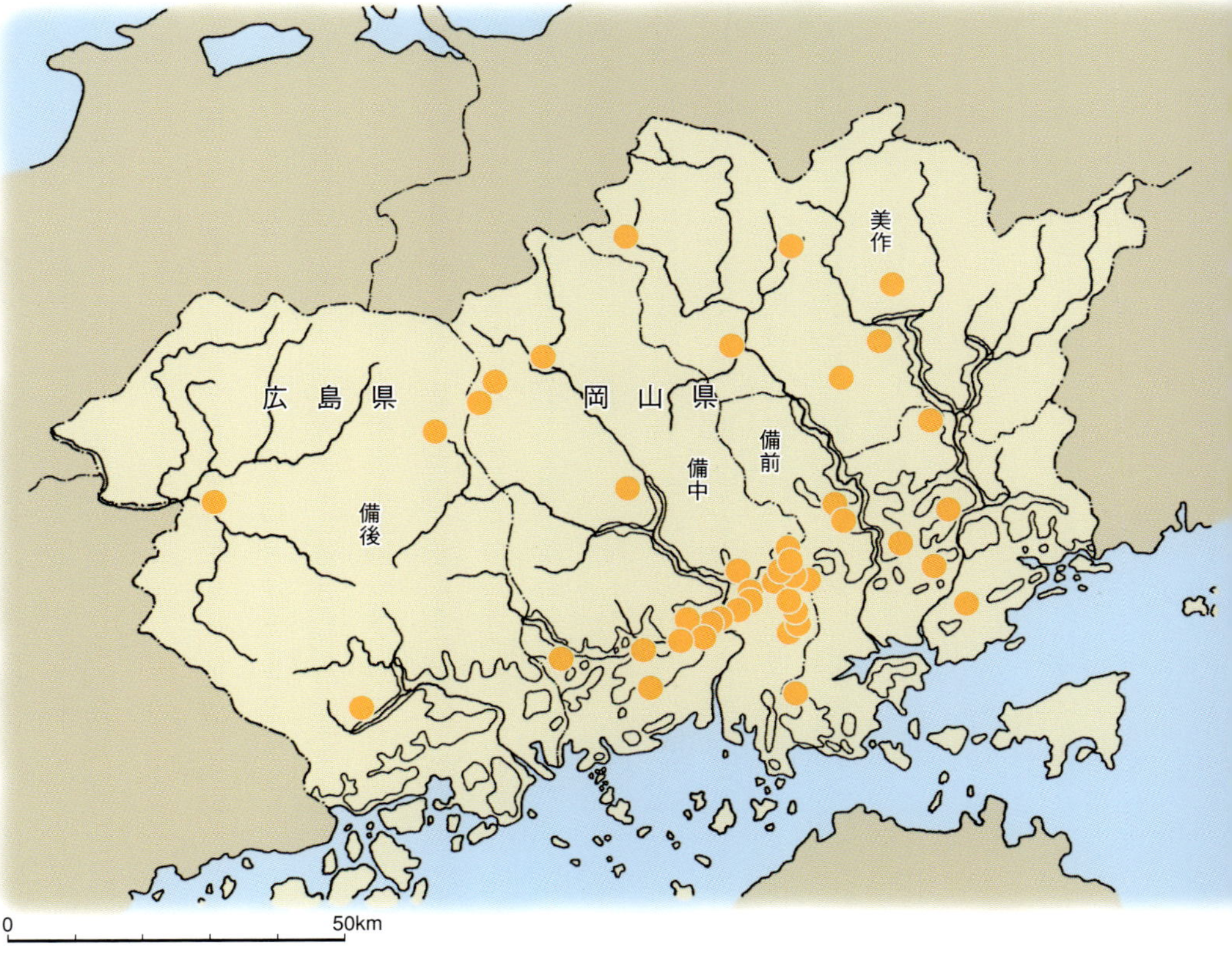

図 59 ● 備前・備中・美作（岡山県）と備後（広島県）で発見された特殊器台の分布
特殊器台を用いる埋葬祭祀で結ばれた諸集団のひろがりこそが吉備の範囲といえる。

じつは吉備以外の地でもいくつか出土している。そのひとつが、山陰の出雲市にある西谷三号弥生墳丘墓（図60）である。

西谷三号弥生墳丘墓は、山陰地方に特徴的にみられる方形の墳丘の四方に突出部が付く四隅突出型の弥生墳丘墓で、突出部を含まない墳丘主部の規模が長辺約四〇メートル、短辺約三〇メートル、高さ約四・五メートルもある大型のものである。島根大学による発掘調査がおこなわれ、中心的位置を占める二つの埋葬主体のうち第一主体では、楯築弥生墳丘墓の中心主体をやや簡略にしたような木棺木槨の構造が明らかにされている。特殊器台・特殊壺については、墳頂部や墳丘斜面などから一〇セット以上が出土しているという。これらの特殊器台・特殊壺は、楯築弥生墳丘墓と同時期の立坂型のもので、その形態や胎土、文様、調整などからみて、吉備で製作されたものが運ばれてきたとみられている。

これらのことから、山陰の西谷三号弥生墳丘墓における特殊器台や特殊壺の存在については、吉備の首長一族から出雲西谷に縁組した人物の死に際して製作・搬入されたものではないかとみられている。こうしたことは立坂型期のみの一時的な現象だったとはいえ、吉備と出雲の首長の間での婚姻関係あるいは擬制的な親族関係といったような特別に強い結びつきが存在したことを示しており、楯築弥生墳丘墓と同時期であるだけにたいへん注目される。

大和から出土する特殊器台・特殊壺

特殊器台・特殊壺のうち、最終型式とされる宮山型のものが、奈良盆地東部に位置する桜井市箸墓古墳、天理市西殿塚古墳、同市中山大塚古墳、橿原市弁天塚古墳の四基の前方後円墳から出土している。これらの古墳は、墳丘の詳細が不明な弁天塚古墳を除き、箸墓古墳と西殿塚古墳は二〇〇メートルを超える巨墳であり、中山大塚古墳も一二〇メートルの大きなもので、いずれもこの地域の首長墓とみられる最古型式に属する古墳である。

先にもみたように、吉備において特殊器台・特殊壺は、首長間の擬制的な同祖同族関係とその階層性を示すものであったととらえられている。その考えをそのまま大和との関係においても適用できるとすれば、特殊器台・特殊壺を受け入れた大和首長と吉備の首長との間にも同様な擬制的な同祖同族といった関係が成立していたということも考えられる。しかしながら、現在までのところ肝心の吉備においては宮山型の特殊器台は、前方後円形をした全長約三八メートルの宮山弥生墳丘墓の一カ所でしか確認されていないのである。

図 60 ● 島根県出雲市西谷 3 号墳の墳丘模型
山陰地方で特徴的にみられる四隅突出型弥生墳丘墓。

こうした大和で発見された特殊器台や特殊壺のもつ意味合いとその解釈をめぐっては、さまざまな論議がなされている。そのなかで近藤義郎は、こうした事実に対するひとつの考えとして、吉備における備中の大首長がその絶大な呪術性によって諸族の中枢の地位に擁立推戴され、大和に移動・進出したという見方を示している。そして、その死に際して奈良平野の南東の地に前方後円墳をつくり、宮山型特殊器台（図61）と特殊壺をもって前方後円墳祭祀を創始したのではないかという見解を提示し、吉備の大首長の力量を積極的に評価する意見を述べている。

いずれにしても、宮山型の時期において吉備の首長たちが、大和に対してどのような動きをしたのかということを象徴的に示すものの一つが宮山型の特殊器台と特殊壺であり、それを用いた祭祀ということになる。そこに吉備と大和の関係、ひいては前方後円墳の成立の謎をさぐるひとつの重要な鍵が隠されているといってもよいだろう。

その意味において、特殊器台と特殊壺を用いた埋葬祭祀の源流が、楯築弥生墳丘墓に求められることの意味はますます重要であるといえるだろう。

前方後円墳の源流

吉備における弥生時代の墓制は、土壙墓や木棺墓が群集して存在する形態から、ひとつの墳丘に基本的には等質的とされる複数の埋葬がおこなわれるようになり、やがて中心となる埋葬主体が明確になって独立した墳丘墓へと発展していくという大まかな流れがある。

そのなかにおいて、まさに楯築弥生墳丘墓は、特定のひとりの首長のために墳丘が築かれ、特殊器台や特殊壺を用いた特別な埋葬祭祀が執りおこなわれたとみられる最初の、そして最大の弥生墳丘墓であった。

しかしながら、七次にわたる調査で明らかにされた楯築弥生墳丘墓の実態は、それ以前の墳墓とはあまりにもかけ離れた内容をもつものであった。全長が八〇メートルを超えるような巨大な墳丘や二方向につけられた整然とした突出部、さらに墳頂部の立石群と斜面の列石、木棺

図61●総社市宮山弥生墳丘墓から出土した特殊器台
棺として転用されていたもの。

木槨構造の主体部と棺底の大量の朱、そして弧帯文石と特殊器台・特殊壺の存在など、これらの複雑で入念な構成要素はそれ以前の墳墓からは到底たどることができない現象であった。

それゆえに、これらを生み出し、採用するという強大な権威と呪術性をあわせもった楯築弥生墳丘墓の被葬者を考えるとき、備中南部の足守川流域を中心とした強大な勢力を率いた首長の姿を思い起こさざるを得ないのである。そしてその人物は、吉備の勢力の中心にいた大首長というべき人物であったにちがいない。

一方、楯築弥生墳丘墓以降、吉備で築造された弥生墳丘墓に、楯築弥生墳丘墓のもつこうした要素は、先にみた特殊器台と特殊壺にともなう祭祀を別にして、引き継がれていったものは、必ずしも多くはなかった。むしろ、多様性自体が吉備の弥生墳丘墓の特徴とさえいわれるように、楯築弥生墳丘墓だけでしか採用されず、その後姿を消した要素も多くみられるのである。

すでに指摘されているように、楯築弥生墳丘墓を中心とした吉備の弥生墳丘墓の展開をそのまま前方後円墳の誕生に結びつけて考えることは到底できない。しかし、前方後円墳祭祀をさぐる重要な手がかりが、大和をはじめ他の土地に求めることが困難であるとすれば、それは吉備の弥生墳丘墓に目を向けないわけにはいかないだろう。

またそのほかにも、出現期の前方後円墳を構成するさまざまな要素のうち、少なくとも埴輪や竪穴式石槨、葺石、朱の使用などいくつかについては吉備の弥生墳丘墓を中心に発展してきたと考えられる。その意味において、現在の資料で考えるかぎり前方後円墳の源流の確たるひとつは吉備にあり、さかのぼれば楯築弥生墳丘墓に発するといっても過言ではないだろう。

あとがき

中心埋葬の調査から二年後の一九八一年、楯築弥生墳丘墓は国指定史跡となった。またその翌年には「御神体」の弧帯文石も国指定重要文化財の指定を受けている。これを機に、南西突出部上の配水塔はそのままながら、周辺は史跡公園となった。また墳頂部の石祠に窮屈そうに納められていた「御神体」は、社殿の形をしたコンクリート製の収蔵庫に大切に保管されることとなった（図62）。

これまでみてきたように、楯築弥生墳丘墓の発掘調査は、岡山大学教授近藤義郎先生を中心指導者として実施され、全国各地の大学、研究機関からの参加も多くあった。筆者も第四次発掘以降、地元倉敷市の教育委員会職員という立場で調査に参加させていただいたが、発掘現場は新しい事実がつぎつぎとみつかり、その理解に頭を悩ませながらも、つねに熱気にあふれていた。

一連の調査が終わった後も、近藤先生が見学の

図62 ● 国指定重要文化財となった御神体の弧帯文石が納められている収蔵庫
社殿風のつくりとなっている。両側の細いのぞき窓から弧帯文石をみることができるようになっている。

方々をともなって楯築弥生墳丘墓に来られるときにはたびたびご一緒させていただいた。墳頂部に立って、遺跡のポイントとなるみどころや調査当時の思い出を語られ、またユーモアを交えたなかに最新の研究成果をわかりやすく解説されるのを楽しみに聞かせていただいたものである。本書がそうした雰囲気の一部でも伝えることができ、いささかでも楯築弥生墳丘墓の調査のようすや遺跡のイメージを膨らませていただくことができれば幸いである（図63）。

最後に、近藤義郎先生には、今回執筆の機会を与えていただいたばかりでなく、原稿閲読というご指導をいただき、また全編を通じて先生の著書、編著から多数の教示をいただいた。あらためて心から感謝を申し上げたい。

また、地元の楯築遺跡保存管理組合の皆様には、楯築弥生墳丘墓の調査時はもとより、日ごろの保存管理に尽力いただき、たいへんお世話になっている。この場をかりて感謝申し上げたい。

図63 ● 南西突出部方向からみた楯築弥生墳丘墓の現況
説明板等が設置され、周囲は史跡公園となっているが、配水塔はそのままに残されている。左端のフェンスは配水塔の囲い。

参考文献

近藤義郎『楯築弥生墳丘墓の研究』楯築刊行会　一九九二
近藤義郎・春成秀爾「埴輪の起源」『考古学研究』第一三巻三号　一九六七
近藤義郎「古墳以前の墳丘墓」『岡山大学法文学部学術紀要』三七　一九七七
近藤義郎『楯築遺跡』（山陽カラーシリーズ）山陽新聞社　一九八〇
近藤義郎『吉備考古点描』河出書房新社　一九九〇
近藤義郎「弥生墳丘墓における埋葬儀礼」『東アジアの古代文化』七三　一九九二
近藤義郎『前方後円墳と弥生墳丘墓』青木書店　一九九五
近藤義郎『前方後円墳に学ぶ』山川出版社　二〇〇一
近藤義郎『前方後円墳と吉備・大和』吉備人出版　二〇〇一
近藤義郎『楯築弥生墳丘墓』（吉備考古学ライブラリィ・8）吉備人出版　二〇〇二
近藤義郎『前方後円墳の起源を考える』青木書店　二〇〇五
宇垣匡雅「特殊器台形土器・特殊壺形土器に関する型式学的研究」『考古学研究』二七巻四号　一九八一
宇垣匡雅「弥生墳丘墓と前方後円墳」『新版古代の日本　第四巻中国四国』角川書店　一九九二
宇垣匡雅「特殊壺・特殊器台」『吉備の考古学的研究』（上）山陽新聞社　一九九二
宇垣匡雅「大和王権と吉備地域」『瀬戸内海地域における交流の展開』（古代王権と交流六）名著出版　一九九五
田中義昭編『山陰地方における弥生墳丘墓の研究』島根大学法文学部　一九九二
都出比呂志「墳墓」『岩波講座日本考古学』第四巻　一九八六
寺沢薫「纏向遺跡と初期ヤマト政権」『橿原考古学研究所論集』第六　吉川弘文館　一九八四
寺沢薫『王権の誕生』講談社　二〇〇〇
永山卯三郎『岡山県史蹟名勝天然紀念物調査報告第一』名著出版　一九七四復刻
平野泰司・岸本道昭「鯉喰神社弥生墳丘墓の弧帯石と特殊器台・壺」『古代吉備』第二二集　二〇〇〇
松木武彦「吉備地方における首長墓形成過程の再検討」『環瀬戸内海の考古学』平井勝氏追悼論文集下巻　二〇〇二
渡辺貞幸「弥生墳丘墓における墓上の祭儀―西谷三号墳の調査から―」『島根考古学会誌』一〇号　一九九三
渡辺貞幸「弥生墳丘墓の祭祀と古墳の祭祀」『古代出雲文化展』図録　一九九七

●写真所蔵・出典

近藤義郎『楯築弥生墳丘墓の研究』楯築刊行会：図5・11・20・21・22・25・26・27・29・30・31・33・34・35・37・38・39・42・43・44・45・46・55・56・57

島根県古代文化センター：図60

岡山県立博物館：図61

上記以外は筆者

●図出典

近藤義郎『楯築弥生墳丘墓の研究』：図12・16・18・28・32・36・42・49・50

楯築弥生墳丘墓発掘調査団『倉敷市楯築弥生墳丘墓第V次、第VI次発掘調査概要報告』：図14・23

近藤義郎『楯築弥生墳丘墓』（吉備考古学ライブラリィ・8）：図19・40

近藤義郎『前方後円墳と吉備・大和』：図54・59

山陽新聞社：図24

田中義昭編『山陰地方における弥生墳丘墓の研究』：図41

平野泰司・岸本道昭「鯉喰神社弥生墳丘墓の弧帯石と特殊器台・壺」『古代吉備』第二三集：図51

鯉喰神社弥生墳丘墓調査団：図53

上記以外は筆者

王墓の丘史跡公園

・倉敷市矢部・庄新町
・入園自由
・入園料　なし
・交通　JR山陽本線中庄駅からタクシー10分
・問合せ　倉敷市教育委員会文化財保護課〔電話：086（426）3851〕
・大規模住宅団地の造成の際に緑地として保存された遺跡群を、史跡公園に整備し、一般に公開している。総面積6・5ヘクタール。
園内は三つのゾーンに分かれ、楯築弥生墳丘墓を中心に、石棺を有する王墓山古墳や白鳳時代の古代寺院の日畑廃寺などのほか、60基をこえる古墳が保存公開されている。

王墓の丘史跡公園入口

岡山県立博物館

・岡山市後楽園1—5
・電話　086（272）1149
・開館時間　夏季（4～9月）9：00～18：00、冬季（10～3月）9：30～17：00
・休館日　月曜（祝日の場合は翌日）、年末年始
・入館料　一般250円、65歳以上120円、高校生以下無料
・交通　JR岡山駅から徒歩約25分、または路面電車「東山」行約5分「城下」下車徒歩10分、岡山駅バスターミナルより岡電バス「藤原団地」行約20分「後楽園前」下車すぐ
・常設展示の第1室「古代吉備の世界」で、かつて〝吉備の国〟と呼ばれた岡山県の、旧石器時代から古代にいたる考古資料のうち代表的なものを展示している。本文でも取り上げた楯築神社の御神体となっている弧帯文石のレプリカや、宮山遺跡出土の特殊器台が展示されている。

岡山県立博物館

刊行にあたって

「遺跡には感動がある」。これが本企画のキーワードです。

あらためていうまでもなく、専門の研究者にとっては遺跡の発掘こそ考古学の基礎をなす基本的な手段です。また、はじめて考古学を学ぶ若い学生や一般の人びとにとって「遺跡は教室」です。

日本考古学では、もうかなり長期間にわたって、発掘・発見ブームが続いています。そして、毎年厖大な数の発掘調査報告書が、主として開発のための事前発掘を担当する埋蔵文化財行政機関や地方自治体などによって刊行されています。そこには専門研究者でさえ完全には把握できないほどの情報や記録が満ちあふれています。しかし、その遺跡の発掘によってどんな学問的成果が得られたのか、その遺跡やそこから出た文化財が古い時代の歴史を知るためにいかなる意義をもつのかなどといった点を、莫大な記述・記録の中から読みとることははなはだ困難です。ましてや、考古学に関心をもつ一般の社会人にとっては、刊行部数が少なく、数があっても高価なその報告書を手にすることすら、ほとんど困難といってよい状況です。

いま日本考古学は過多ともいえる資料と情報量の中で、考古学とはどんな学問か、また遺跡の発掘から何を求め、何を明らかにすべきかといった「哲学」と「指針」が必要な時期にいたっていると認識します。

本企画は「遺跡には感動がある」をキーワードとして、発掘の原点から考古学の本質を問い続ける試みとして、日本考古学が存続する限り、永く継続すべき企画と決意しています。いまや、考古学にすべての人びとの感動を引きつけることが、日本考古学の存立基盤を固めるために、欠かせない努力目標の一つです。必ずや研究者のみならず、多くの市民の共感をいただけるものと信じて疑いません。

監　修　戸沢　充則

編集委員　勅使河原彰　小野　昭　小野　正敏　石川日出志　小澤　毅　佐々木憲一

著者紹介

福本　明（ふくもと・あきら）

1956年岡山市生まれ
関西大学文学部史学科卒業
倉敷埋蔵文化財センター館長を経て、
現在、倉敷市教育委員会生涯学習部副参事

シリーズ「遺跡を学ぶ」034

吉備《きび》の弥生大首長墓・楯築《たてつき》弥生《やよい》墳丘《ふんきゅう》墓《ぼ》

2007年 2月15日　第1版第1刷発行
2015年 3月25日　第1版第2刷発行

著　者＝福本　明

発行者＝株式会社 新 泉 社
東京都文京区本郷2-5-12
振替・00170-4-160936番　TEL03(3815)1662／FAX03(3815)1422
印刷／萩原印刷　製本／榎本製本

ISBN978-4-7877-0734-5　C1021

シリーズ「遺跡を学ぶ」第1ステージ（100巻＋別冊4）完結

A5判／96頁／定価各1500円＋税

第Ⅰ期（全31冊完結・セット函入 46500円＋税）

01 北辺の海の民・モヨロ貝塚　米村 衛
02 天下布武の城・安土城　木戸雅寿
03 古墳時代の地域社会復元・三ツ寺Ⅰ遺跡　若狭 徹
04 原始集落を掘る・尖石遺跡　勅使河原彰
05 世界をリードした磁器窯・肥前窯　大橋康二
06 五千年におよぶムラ・平出遺跡　小林康男
07 豊饒の海の縄文文化・曽畑貝塚　木﨑康弘
08 未盗掘石室の発見・雪野山古墳　佐々木憲一
09 氷河期を生き抜いた狩人・矢出川遺跡　堤 隆
10 描かれた黄泉の世界・王塚古墳　柳沢一男
11 江戸のミクロコスモス・加賀藩江戸屋敷　追川吉生
12 北の黒曜石の道・白滝遺跡群　木村英明
13 古代祭祀とシルクロードの終着地・沖ノ島　弓場紀知
14 黒潮を渡った黒曜石・見高段間遺跡　池谷信之
15 縄文のイエとムラの風景・御所野遺跡　高田和徳
16 鉄剣銘一一五文字の謎に迫る・埼玉古墳群　高橋一夫
17 石にこめた縄文人の祈り・大湯環状列石　秋元信夫
18 土器製塩の島・喜兵衛島製塩遺跡と古墳　近藤義郎
19 縄文の社会構造をのぞく・姥山貝塚　堀越正行
20 大仏造立の都・紫香楽宮　小笠原好彦
21 律令国家の対蝦夷政策・相馬の製鉄遺跡群　飯村 均
22 筑紫政権からヤマト政権へ・豊前石塚山古墳　長嶺正秀
23 弥生実年代と都市論のゆくえ・池上曽根遺跡　秋山浩三
24 最古の王墓・吉武高木遺跡　常松幹雄
25 石槍革命・八風山遺跡群　須藤隆司
26 大和葛城の大古墳群・馬見古墳群　河上邦彦
27 南九州に栄えた縄文文化・上野原遺跡　新東晃一
28 泉北丘陵に広がる須恵器窯・陶邑遺跡群　中村 浩
29 東北古墳研究の原点・会津大塚山古墳　辻 秀人
30 赤城山麓の三万年前のムラ・下触牛伏遺跡　小菅将夫
別01 黒耀石の原産地を探る・鷹山遺跡群　黒耀石体験ミュージアム

第Ⅱ期（全20冊完結・セット函入 30000円＋税）

31 日本考古学の原点・大森貝塚　加藤 緑
32 斑鳩に眠る二人の貴公子・藤ノ木古墳　前園実知雄
33 聖なる水の祀りと古代王権・天白磐座遺跡　辰巳和弘
34 吉備の弥生大首長墓・楯築弥生墳丘墓　福本 明
35 最初の巨大古墳・箸墓古墳　清水眞一
36 中国山地の縄文文化・帝釈峡遺跡群　河瀬正利
37 縄文文化の起源をさぐる・小瀬ヶ沢・室谷洞窟　小熊博史
38 世界航路へ誘う港市・長崎・平戸　川口洋平
39 武田軍団を支えた甲州金・湯之奥金山　谷口一夫
40 中世瀬戸内の港町・草戸千軒町遺跡　鈴木康之
41 松島湾の縄文カレンダー・里浜貝塚　会田容弘
42 地域考古学の原点・月の輪古墳　近藤義郎・中村常定
43 天下統一の城・大坂城　中村博司
44 東山道の峠の祭祀・神坂峠遺跡　市澤英利
45 霞ヶ浦の縄文景観・陸平貝塚　中村哲也
46 律令体制を支えた地方官衙・弥勒寺遺跡群　田中弘志
47 戦争遺跡の発掘・陸軍前橋飛行場　菊池 実
48 最古の農村・板付遺跡　山崎純男
49 ヤマトの王墓・桜井茶臼山古墳・メスリ山古墳　千賀 久
50 「弥生時代」の発見・弥生町遺跡　石川日出志

第Ⅲ期（全26冊完結・セット函入 39000円＋税）

51 邪馬台国の候補地・纒向遺跡　石野博信
52 鎮護国家の大伽藍・武蔵国分寺　福田信夫
53 古代出雲の原像をさぐる・加茂岩倉遺跡　田中義昭
54 縄文人を描いた土器・和台遺跡　新井達哉
55 古墳時代のシンボル・仁徳陵古墳　一瀬和夫
56 大友宗麟の戦国都市・豊後府内　玉永光洋・坂本嘉弘
57 東京下町に眠る戦国の城・葛西城　谷口 榮
58 伊勢神宮に仕える皇女・斎宮跡　駒田利治
59 武蔵野に残る旧石器人の足跡・砂川遺跡　野口 淳
60 南国土佐から問う弥生時代像・田村遺跡　出原恵三
61 中世日本最大の貿易都市・博多遺跡群　大庭康時
62 縄文の漆の里・下宅部遺跡　千葉敏朗
63 東国大豪族の威勢・大室古墳群〔群馬〕　前原 豊
64 新しい旧石器研究の出発点・野川遺跡　小田静夫
65 旧石器人の遊動と植民・恩原遺跡群　稲田孝司
66 古代東北統治の拠点・多賀城　進藤秋輝
67 藤原仲麻呂がつくった壮麗な国庁・近江国府　平井美典
68 列島始原の人類に迫る熊本の石器・沈目遺跡　木﨑康弘
69 奈良時代からつづく信濃の村・吉田川西遺跡　原 明芳
70 縄紋文化のはじまり・上黒岩岩陰遺跡　小林謙一
71 国宝土偶「縄文ビーナス」の誕生・棚畑遺跡　鵜飼幸雄
72 鎌倉幕府草創の地・伊豆韮山の中世遺跡群　池谷初恵
73 東日本最大級の埴輪工房・生出塚埴輪窯　高田大輔
74 北の縄文人の祭儀場・キウス周堤墓群　大谷敏三
75 浅間山大噴火の爪痕・天明三年浅間災害遺跡　関 俊明
別02 ビジュアル版旧石器時代ガイドブック　堤 隆

第Ⅳ期（全27冊完結・セット函入 40500円＋税）

76 遠の朝廷・大宰府　杉原敏之
77 よみがえる大王墓・今城塚古墳　森田克行
78 信州の縄文早期の世界・栃原岩陰遺跡　藤森英二
79 葛城の王都・南郷遺跡群　坂 靖・青柳泰介
80 房総の縄文大貝塚・西広貝塚　忍澤成視
81 前期古墳解明への道標・紫金山古墳　阪口英毅
82 古代東国仏教の中心寺院・下野薬師寺　須田 勉
83 北の縄文鉱山・上岩川遺跡群　吉川耕太郎
84 斉明天皇の石湯行宮か・久米官衙遺跡群　橋本雄一
85 奇偉荘厳の白鳳寺院・山田寺　箱崎和久
86 京都盆地の縄文世界・北白川遺跡群　千葉 豊
87 北陸の縄文世界・御経塚遺跡　布尾和史
88 東西弥生文化の結節点・朝日遺跡　原田 幹
89 狩猟採集民のコスモロジー・神子柴遺跡　堤 隆
90 銀鉱山王国・石見銀山　遠藤浩巳
91 「倭国乱」と高地性集落論・観音寺山遺跡　若林邦彦
92 奈良大和高原の縄文文化・大川遺跡　松田真一
93 ヤマト政権の一大勢力・佐紀古墳群　今尾文昭
94 筑紫君磐井と「磐井の乱」・岩戸山古墳　柳沢一男
95 東アジアに開かれた古代王宮・難波宮　積山 洋
96 鉄道考古学事始・新橋停車場　斉藤 進
97 北の自然を生きた縄文人・北黄金貝塚　青野友哉
98 北方古代文化の邂逅・カリカリウス遺跡　椙田光明
99 弥生集落像の原点を見直す・登呂遺跡　岡村 渉
100 「旧石器時代」の発見・岩宿遺跡　小菅将夫
別03 ビジュアル版縄文時代ガイドブック　勅使河原彰
別04 ビジュアル版古墳時代ガイドブック　若狭 徹